도마뱀, 카멜레온, 뱀, 거북이를
잘 키우고 싶은 어린이를 위한 생태도감

정브르가 알려주는
파충류
체험 백과

정브르 지음

바이킹

동물을 키우며 생명의 소중함을 배웁니다

여러분은 파충류 하면 어떤 동물이 떠오르나요? 공룡과 생김새가 비슷한 악어가 떠오르나요? 아니면 동화에 자주 나오는 거북이가 떠오르나요? 파충류는 우리 인간보다 지구에서 더 오래 살고 있는 동물입니다. 모든 생물이 그렇듯 파충류는 지구의 환경 변화에 맞춰 진화했습니다. 같은 도마뱀이더라도 사막처럼 건조하고 뜨거운 곳에 사는 도마뱀도 있고, 습지처럼 습하고 온도가 낮은 곳에 사는 도마뱀도 있지요. 이처럼 다양한 환경에서 살아가는 파충류를 알아가다 보면 우리가 잘 몰랐던 자연을 이해할 수 있답니다.

파충류는 우리와 교감을 나누고 가족이 될 수 있는 멋진 동물이에요. 용을 닮은 도마뱀부터 기분에 따라 피부색을 바꾸는 카멜레온, 손안에 쏙 들어오는 작은 뱀, 등딱지가 뾰족한 거북까지, 다양한 파충류를 여러분께 소개합니다. 그리고 이 멋진 동물들이 어디서 살고, 무엇을 먹으며, 짝짓기와 부화는 어떻게 이루어지는지 알려 줍니다. 동물 친구들을 자세히 알아보는 기회가 될 거예요. 파충류가 자연에서 어떻게 살아가는지 안다면 사육장을 어떻게 꾸미고 어떤 먹이를 챙겨 줘야 하는지 쉽게 이해할 수 있어요. 동물을 건강하게 보살피는 데 큰 도움을 줄 거예요.

동물을 직접 만지고 키우다 보면 자연스레 동물을 아끼고 사랑하는 마음이 자랄 것입니다. 매일 사육장을 깨끗이 청소하고 규칙적으로 먹이를 챙겨 주면서 생명에 대한 책임감도 기를 수 있답니다. 이 책을 읽으면서 여러분이 생명을 소중히 여기고 남을 배려하는 사람이 되길 바랍니다.

정브르

초등 과학 교과 연계

초등학교 3학년 1학기 3단원 동물의 한살이
초등학교 3학년 2학기 2단원 동물의 생활
초등학교 5학년 1학기 5단원 다양한 생물과 우리 생활

차례

머리말 동물을 키우며 생명의 소중함을 배웁니다 ········ 2
이 책을 활용하는 법 ········ 6
파충류는 어떤 동물이에요? ········ 7
파충류와 양서류는 어떻게 구분할까요? ········ 8

1장 정브르가 알려줄게! 도마뱀

- 도마뱀은 어떤 동물일까요? (도마뱀의 한살이) ········ 10
- 도마뱀의 종류를 살펴봐요 ········ 12
- 도마뱀을 어떻게 키워야 할까요? ········ 14

레오파드 게코 이 구역의 인기 짱은 나야! '사막의 작은 표범' ········ 28
크레스티드 게코 속눈썹이 예술! ········ 36
레드아이 아머드 스킨크 <드래곤 길들이기>의 주인공은 나야 나! ········ 44
비어디 드래곤 내가 바로 수염 도마뱀! ········ 52
자이언트 데이 게코 눈은 초롱초롱, 몸은 초록초록! ········ 59
모어닝 게코 혼자서도 알을 낳을 수 있는 도마뱀! ········ 66
사바나 모니터 개만큼 사람을 좋아해서 별명이 '개바나'! ········ 69
블루텅 스킨크 혀가 파란색이라서 ········ 76
유로메스틱스 게리 나는야 채소가 좋아! ········ 81
토케이 게코 날 길들이려면 물릴 각오를 해야 될걸? ········ 86

2장 정브르가 알려줄게! 카멜레온

- 카멜레온은 어떤 동물일까요? (카멜레온의 한살이) ··········· 94
- 카멜레온의 종류를 살펴봐요 ··········· 96
- 카멜레온을 어떻게 키워야 할까요? ··········· 97

베일드 카멜레온 카멜레온이 처음이라면? ··········· 106
팬서 카멜레온 어른들이 더 좋아한대! ··········· 109
파슨 카멜레온 내가 한 덩치 하지! ··········· 111
피그미 카멜레온 작고 귀여운 카멜레온을 찾는다면? ··········· 113

3장 정브르가 알려줄게! 뱀

- 뱀은 어떤 동물일까요? (뱀의 한살이) ··········· 116
- 뱀의 종류를 살펴봐요 ··········· 118
- 뱀을 어떻게 키워야 할까요? ··········· 120

콘스네이크 귀여운 뱀을 찾는다면? ··········· 128
킹스네이크 뱀을 잡아먹는 뱀? 바로 나야 ··········· 133
밀크스네이크 내 매력에 넘어오고 말걸? ··········· 135
볼파이톤 나, 보기보다 소심해 ··········· 137

정브르가 알려줄게! 거북

- 거북은 어떤 동물일까요? (거북의 한살이) ········ **144**
- 거북의 종류를 살펴봐요 ········ **146**
- 육지거북을 어떻게 키워야 할까요? ········ **148**

호스필드 육지거북 내가 제일 잘 나가! ········ **156**
레오파드 육지거북 표범 무늬에 똘망똘망한 눈까지! ········ **160**
체리헤드 육지거북 알록달록! ········ **162**
마지나타 육지거북 등딱지가 멋있는 ········ **164**
동헤르만 육지거북 킁킁! 난 냄새를 잘 맡는 ········ **165**
서헤르만 육지거북 동헤르만 육지거북이랑 헷갈리지 마세요! ········ **166**
별거북 멋진 등딱지를 뽐내는 ········ **167**
설가타 육지거북 세계에서 세 번째로 큰 거북은 바로 나! ········ **168**

- 반수생거북을 어떻게 키워야 할까요? ········ **170**

리버 쿠터 터틀 수초를 너무너무 좋아하는 ········ **176**
이스턴 머드 터틀 하루 종일 움직여도 지치지 않는 ········ **178**
웨스턴 페인티드 터틀 거북이 좀 키워 봤다면 나도 키워 봤을걸? ········ **179**
레이저백 머스크 터틀 등딱지가 뽈록! 입이 삐쭉! ········ **180**

- 귀뚜라미 오래 키우는 방법 ········ **181**

맺는말 함께 사는 법을 배울 수 있어요 ········ **182**
도움받은 자료 ········ **183**
찾아보기 ········ **184**

이 책을 활용하는 법

 육지거북 중에서 습한 곳에 사는 '습계형 거북'이라는 뜻이에요.

 신기한 이야기부터 알아 두면 좋은 정보, 주의 사항을 알려 줘요.

  주행성 동물과 야행성 동물의 차이를 해와 달 그림으로 표현했습니다. 해 그림이 있는 동물은 '주행성 동물', 달 그림이 있는 동물은 '야행성 동물'이에요.

집에서 키우기 쉽고 어려운 정도를 별 개수로 나타냈습니다. 사육 난이도에 별 개수가 적을수록 키우기 쉬운 동물이에요. 인기도에 별 개수가 많을수록 사람들이 많이 키우는 동물입니다.

사육장 꾸미기
사육장을 꾸미는 방법을 다룹니다. 사육에 필요한 도구를 알 수 있어요.

사육 노하우
동물을 키우는 친구들이 많이 궁금해하는 질문을 모았어요. 사육 도움말을 알려 줍니다.

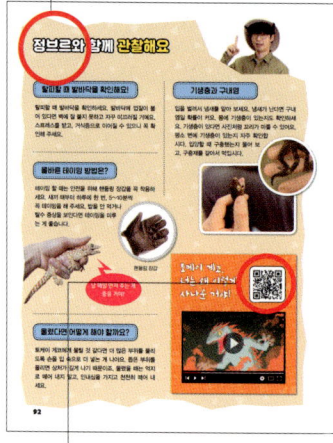

먹이
먹이의 종류와 횟수를 알 수 있어요. 먹이를 보관하고 안전하게 주는 방법을 알려 줍니다.

짝짓기
짝짓기부터 알의 부화까지 살펴봐요. 짝짓기를 시키고 알을 부화하는 방법을 알 수 있어요.

QR 코드
신기한 생물 소개부터 채집 영상까지 재미난 영상을 볼 수 있어요.

일러두기
❖ 이 책은 정브르의 사육 방법을 담은 책입니다. 사육 방법은 브리더(전문 번식·사육자)마다 다를 수 있습니다.

❖ 생물의 명칭은 정브르가 운영하는 '곤충하모니'에서 사용하는 생물 이름을 기준으로 했습니다. '국가 생물다양성 정보공유체계'의 '국가생물종목록'과 '한국 외래생물 정보시스템'을 참고해 학명과 영어명, 별칭 등을 함께 적어 두었습니다. 생물의 명칭은 영어명을 기준으로 띄어 썼습니다.

❖ 동물의 길이는 성체 기준으로 작성했습니다. 길이와 수명은 사육 환경, 건강 상태 등에 따라 차이 날 수 있습니다.

❖ 먹이의 양과 횟수는 개체마다 다르기 때문에 키우면서 파악해야 합니다.

❖ 카멜레온 사진은 엔제이카멜레온의 도움을 받았습니다. 거북 사진은 NH DINOSAUR, 발토앤제이의 도움을 받았습니다.

파충류는 어떤 동물이에요?

　파충류는 도마뱀, 거북, 뱀, 악어 같은 동물을 말해요. 피부가 딱딱한 비늘이거나 몸이 등딱지로 덮여 있지요. 몸속에 수분을 저장할 수 있어서 사막이나 바다에서도 살 수 있어요. 기온에 따라 몸의 온도가 변하는 변온 동물이기도 합니다. 따뜻한 곳과 추운 곳을 왔다 갔다 움직이며 체온을 조절하지요. 사람과 달리 땀구멍이 없어서 더우면 시원한 곳으로 가서 몸을 식혀야 해요. 추워지면 소화가 느려지고 움직임도 둔해집니다.

　파충류는 환경에 맞게 진화한 동물이라서 특정 감각이 더 발달했어요. 킹코브라는 시력이 좋고, 바다 악어는 청각이 뛰어나지요. 파충류 대부분은 알을 낳아요. 부화한 새끼는 사람과 달리 어미의 도움 없이 스스로 먹이를 찾고, 환경에 적응하며 살아나갑니다. 도마뱀이나 뱀은 크면서 비늘이 딱딱해지면 허물을 벗듯 비늘을 벗어 버립니다.

악어

거북

뱀

도마뱀

파충류와 양서류는 어떻게 구분할까요?

뱀은 다리가 없고 스스로 꼬리를 자르지 못해요. 하지만 도마뱀은 다리가 있고, 대부분 스스로 꼬리를 자를 수 있어요. 이처럼 같은 파충류라도 생김새와 특징이 서로 다릅니다. 오히려 양서류에 속하는 도롱뇽이 도마뱀과 생김새가 비슷합니다. 파충류와 양서류는 어떻게 다른지 도마뱀과 도롱뇽의 차이로 알아볼까요?

　도마뱀은 카멜레온, 뱀처럼 파충류예요. 도롱뇽은 개구리, 두꺼비, 영원과 함께 양서류에 속하지요. 물가에 사는 도롱뇽은 온몸이 비늘로 덮여 있는 도마뱀과 달리 살갗이 매끈하고 촉촉합니다. 도마뱀은 폐로 숨을 쉬지만 도롱뇽은 피부로 호흡할 수 있답니다. 앞발의 발가락 수로도 구분할 수 있어요. 도마뱀은 발가락이 모두 5개씩이지만 도롱뇽은 앞발의 발가락이 4개랍니다.

개구리　　뱀
도롱뇽　　이구아나

1장
정브르가 알려줄게!
도마뱀

초등 과학 교과 연계

초등학교 3학년 1학기 3단원 동물의 한살이
초등학교 3학년 2학기 2단원 동물의 생활
초등학교 5학년 1학기 5단원 다양한 생물과 우리 생활

도마뱀은 어떤 동물일까요?

도마뱀의 어원은 '도막 난 뱀'이에요. 적에게서 도망갈 때 꼬리를 자르는 도마뱀의 행동 때문에 붙은 이름이지요. 도마뱀은 열대 우림, 사바나, 온대 기후 지역 등 전 세계에 분포합니다. 다양한 환경에 적응한 도마뱀은 종에 따라 생김새, 생활 방식, 먹이가 다릅니다.

도마뱀의 한살이

끙차끙차! 알에서 나오고 있어요.

1~3년이 지나면 성체가 되지요.

나무나 돌에 몸을 비비며 탈피해요.

곤충 등을 먹으며 튼튼하게 자라요.

아하! 암컷과 수컷 구별하기

암컷과 수컷은 몸통에서 꼬리가 시작되는 부분을 자세히 보면 구별할 수 있어요. 수컷은 고환이 불룩 튀어나와 있기 때문이지요. 대부분 수컷이 더 크고, 무늬도 더 화려합니다.

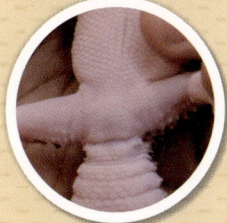

암컷 생식기   수컷 생식기

이런 도마뱀 친구도 있어요!

메롱 하는 거 아니야. 혀로 눈을 닦는 거야.

눈꺼풀이 없는 크레스티드 게코

나무에 숨으면 아무도 못 알아볼걸?

나무껍질 무늬의 차화 게코

내 피눈물을 맞으면 피부가 퉁퉁 부어오르니까 조심해!

적이 다가오면 피눈물을 뿜는 뿔도마뱀

귀 머리 옆에 있는 구멍이 바로 귀의 고막이에요.

등 온몸이 비늘로 덮여 있어요. 크면서 딱딱해진 비늘을 허물 벗듯 탈피합니다.

꼬리 위험하다고 느끼면 꼬리를 스스로 잘라요. 꼬리가 다시 자라지 않는 도마뱀도 있어요.

눈 세로로 긴 동공은 주변이 어두워지면 커지고, 밝아지면 작아져요.

발 앞발과 뒷발 모두 발가락이 5개예요.

도마뱀의 종류를 살펴봐요

뉴칼레도니아에서 온 가고일 게코

난 나무에 오르는 걸 좋아해.

눈이 예쁜 차화 게코

뭐가 나무고, 뭐가 도마뱀이게?

세계에서 제일 작은 도마뱀 나테레리 게코

난 어른 손가락보다 작을걸?

바위 틈에 사는 헬멧티드 게코

인상 쓴 거 아냐! 투구를 쓴 것도 아냐!

물과 친한 워터 드래곤

난 물로 다이빙 할 수 있어.

몸도 길고 꼬리도 긴
이집트 웻지 스킨크

다들 날 뱀인 줄 알더라고~.

다리가 얇고 긴
쥬바타

난 날쌘돌이! 하지만 겁도 많아.

아프리카에서 온
블루테일 스킨크

노란 줄무늬와 파란 꼬리가 내 매력 포인트!

다크만다린누아르

블러드썬글로우

예쁜 무늬가 정말 많아요!

레오파드 게코의 모프는 이렇게나 다양해요!

모프에 따라 다양한 무늬와 색깔의 도마뱀을 만날 수 있어요. 몸에 줄무늬, 오돌토돌한 반점이 있기도 합니다. 친구들은 어떤 도마뱀에 제일 눈이 가나요?

? 모프(Morph)가 뭐예요?

한 종류의 동물에서 파생한 일종의 변이를 말해요. 모프마다 색깔과 무늬가 다양합니다. 검은색의 점무늬가 있는 도마뱀 두 마리가 짝짓기를 하면 검은색의 점무늬가 있는 도마뱀이 태어날 확률이 높아져요. 인기가 많은 모프를 부화시키기 위해 브리더들이 특정 무늬를 띤 도마뱀을 짝짓기시키기도 해요.

도마뱀을 어떻게 키워야 할까요?

어떤 사육장이 필요할까요?

도마뱀은 다양한 환경에서 자라요. 낮에 활동하는 주행성 도마뱀, 밤에 활동하는 야행성 도마뱀뿐만 아니라 땅에서 사는 도마뱀, 나무 위에서 사는 도마뱀, 습지에서 사는 도마뱀 등 다양한 도마뱀이 있어요. 종류에 따라서 적절한 환경을 만들어야 합니다. 크게 네 가지 사육장이 있어요.

도마뱀의 종류에 따라 맞춰야 하는 온도와 습도가 달라요.

1. 낮고 넓은 사육장

레오파드 게코, 레드아이 아머드 스킨크 등 땅이나 강가에 사는 야행성 도마뱀을 위한 사육장이에요. 사육장의 높이가 낮으면 온도 유지도 쉽지요. 리빙박스 또는 자동온도조절 사육장을 주로 써요.

1. **낮고 넓은 사육장** : 땅에 사는 도마뱀을 위한 사육장이에요.
2. **천장이 높은 사육장** : 나무 위에 살거나 게코 도마뱀을 위한 사육장이에요.
3. **유리 사육장** : 주행성 도마뱀을 위한 사육장이에요.
4. **자동온도조절 사육장** : 사막과 사바나 기후 지역에 사는 도마뱀을 위한 사육장이에요.

레드아이 아머드 스킨크를 위한 자동온도조절 사육장

왼쪽은 습식 은신처, 오른쪽은 건식 은식처

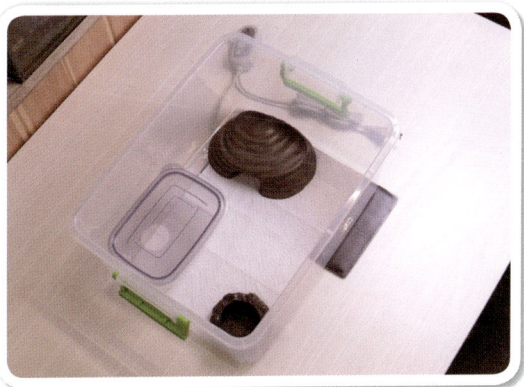

레오파드 게코를 위한 리빙박스 사육장

아하!
사육장 관리는 이렇게!
❖ 온습도계를 자주 확인해요.
❖ 하루에 1~2번 분무기로 물을 뿌려 주세요.
❖ 환기가 잘되는 사육장이어야 해요.
❖ 게코 도마뱀은 식물이나 벽 등 사육장 전체에 배변하므로 자주 확인하고 청소해 주세요.

준비됐나요?
- ☐ 온습도계
- ☐ 전기장판
- ☐ 바닥재
- ☐ 먹이 그릇
- ☐ 물그릇
- ☐ 은신처
- ☐ 대나무, 코르크 보드, 코르크 튜브

2. 천장이 높은 사육장

크레스티드 게코, 토케이 게코를 위한 사육장이에요. 주로 나무에 사는 도마뱀의 사육장에는 인공 식물이나 코르크 보드를 넣어 활동 반경을 넓혀 줍니다. 포맥스 사육장과 유리 사육장을 씁니다.

포맥스 사육장

이건 꼭 넣어 줘! 내가 좋아하는 나무야.

진짜 숲에 있는 것 같아!

유리 사육장

아하! 사육장 관리는 이렇게!

❖ 게코 도마뱀 전용 먹이 그릇도 있어요. 물그릇은 사육장의 습도를 유지하는 데 큰 도움이 됩니다.

❖ 사육장 전체에 배변 활동을 하기 때문에 자주 물티슈로 닦아 주고, 물 세척도 잊지 마세요.

❖ 게코 도마뱀은 고인 물보다 흐르는 물을 주로 먹습니다. 하루에 몇 번씩 분무기로 물을 뿌려 주세요.

준비됐나요?

- ☐ 온습도계
- ☐ 수태, 키친타월
- ☐ 게코 도마뱀 전용 먹이 그릇
- ☐ 물그릇
- ☐ 코르크 보드, 대나무, 정글바인(인조 덩굴)

3. 유리 사육장

자이언트 데이 게코와 모어닝 게코를 위한 사육장이에요. 주행성 도마뱀에게는 빛이 잘 드는 유리 사육장이 좋아요. 하지만 네 면 모두 유리로 된 사육장이면 스트레스를 받을 수 있으니 한 면에는 백스크린(인조 바위 벽)을 설치해 주세요.

토케이 게코의 사육장

백스크린에 붙어 있는 자이언트 데이 게코

식물로 가득 채운 유리 사육장

아하! 사육장 관리는 이렇게!

❖ 먹이인 귀뚜라미를 사육장 안에 풀어 놓았을 때 귀뚜라미가 도마뱀의 변을 먹을 수 있어요. 변을 먹은 귀뚜라미 때문에 도마뱀에게 기생충이 생길 수 있으니 변은 보이는 대로 치워 주세요!

❖ 습한 사육장에 곤충 젤리를 두면 초파리가 생길 수 있어요. 이틀에 한 번씩 먹이 그릇을 청소해 주세요.

준비됐나요?

- ☐ 온습도계
- ☐ UVB 램프, 스팟 램프
- ☐ 수태, 코코피트, 바크
- ☐ 게코 도마뱀 전용 먹이 그릇
- ☐ 코르크 보드, 대나무
- ☐ 잎사귀가 넓은 식물, 인공 식물

4. 자동온도조절 사육장

사바나 모니터, 블루텅 스킨크 등 사막과 사바나 기후 지역에 사는 도마뱀을 위한 사육장이랍니다. 온도가 자동으로 조절되기 때문에 온도에 민감한 동물을 키우는 데 적합한 사육장이에요.

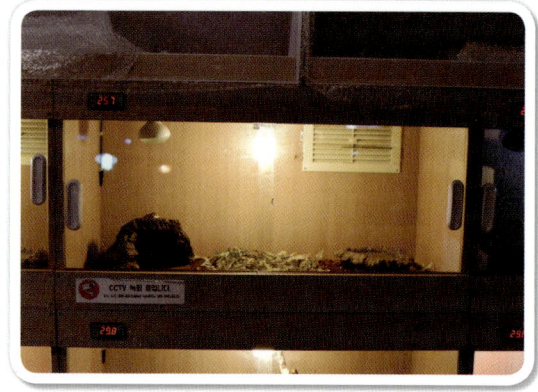

사바나 모니터의 사육장

> 사육장의 습기를 잡아 줍니다.

과습 방지 패드

> 난 나무에 올라가는 게 좋아.

준비됐나요?

- ☐ UVB 램프, 스팟 램프
- ☐ 과습 방지 패드
- ☐ 먹이 그릇
- ☐ 큰 물그릇
- ☐ 큰 은신처
- ☐ 황토, 코코피트, 바크
- ☐ 모래, 벽돌, 유목

아하! 사육장 관리는 이렇게!

- ❖ 땅을 깊게 파고들어 가는 습성(버로우 성향)이 있는 도마뱀의 은신처 아래에는 황토, 코코피트, 바크를 두껍게 깔아 주세요. 숨거나 잠을 잘 때 좋습니다.
- ❖ 도마뱀이 높이 올라갈 수 있도록 유목을 세로로 비스듬히 놓는 게 좋아요.
- ❖ 발톱이 날카로운 도마뱀의 사육장에는 돌을 두어 발톱을 자연스럽게 쓰게 해요.

사육장을 어떻게 꾸며야 할까요?

계절에 따라 필요한 용품이 조금씩 달라요. 다음에 소개하는 용품만 준비해도 사계절 내내 걱정 없답니다! 파충류 가게에서 파는 사육장 세트를 구매할 수도 있어요. 변온 동물인 파충류 중에서도 핫존(따뜻한 공간)과 쿨존(시원한 공간)을 따로 나누지 않아도 되는 도마뱀이 있는 한편 레오파드 게코처럼 분명하게 나눠야 하는 도마뱀도 있어요. 도마뱀 사육장에 필요한 사육 용품은 어떤 게 있는지 살펴볼까요?

1. 온도 조절 도구

▶ 조명

자외선은 파장의 길이에 따라 UVA(320~400nm), UVB(290~320nm), UVC(200~280nm)로 나뉩니다. UVA 파장이 나오는 스팟 램프는 사육장을 따뜻하게 유지하고, UVB 램프는 몸이 비타민 D를 만들 수 있도록 도와요. UVA와 UVB가 함께 나오는 조명도 있답니다. 주행성 파충류라면 UVB 램프가 꼭 필요해요. 스팟 램프는 사육장 온도에 따라서 켜고, UVB 램프는 하루에 적어도 6시간 이상 켜야 합니다.

주의! 장식품은 너무 높지 않게!
장식품에 올라간 도마뱀이 조명에 데어 화상을 입지 않도록 장식품은 낮게 설치해요.

핫존을 만드는 스팟 램프

주의! 조명 쪽으로 물을 뿌리면 안 돼요!
뜨거운 조명에 물을 뿌리면 조명이 깨지면서 도마뱀이 다칠 수 있어요. 사육장에 물을 뿌릴 때는 불이 켜 있는 조명에 물이 튀기지 않도록 조심해 주세요.

겨울에 사육장을 따뜻하게 만드는 적외선 조명이에요. 야간에 켜는 등으로, 가시광선이 나오지 않아서 잠을 방해하지 않아요.

▶ **전기장판, 히팅패드, 필름히터**
핫존의 온도를 유지하기 위해 필요해요. 도마뱀은 따뜻해야 밥도 잘 먹고 소화도 잘한답니다.

아하! 렉 사육장의 핫존 설치는 이렇게!

렉 사육장

렉 사육장에서는 안쪽에 필름히터를 설치해 핫존을 만들어요.

2. 바닥재

자연 서식지와 최대한 비슷하게 만들어 주세요. 바닥재는 코코피트와 바크를 많이 써요. 코코피트와 바크를 2 대 1 비율로 섞어서 깔아 줍니다. 은신처로도 쓰이는 바닥재는 습도를 유지하고, 배설물 냄새를 흡수하는 데 도움을 주지요.

▶ **코코피트**
코코넛 껍질로 만든 바닥재예요. 물을 부으면 흙이랑 비슷해져요. 습한 환경에 사는 도마뱀 사육장의 바닥재로 사용합니다.

▶ **바크**
나무껍질이에요. 물에 적신 바크로 습도를 높게 유지해요. 조각이 작을수록 보습 효과가 좋아요. 더러워졌다면 뜨거운 물에 삶고 햇볕에 말려 다시 사용할 수 있어요.

코코피트

바크

▶ **이끼**
살아 있기 때문에 조명을 쪼여 줘야 해요.

▶ **수태**
마른 이끼예요. 물에 적신 수태를 넣어 사육장의 습도를 높게 유지합니다. 물에 헹궈 다시 사용할 수 있어요.

▶ **키친타월**
습도 조절은 어렵지만 자주 갈아서 사육장을 깨끗하게 유지할 수 있어요.

▶ **낙엽**
훌륭한 은신처예요. 산에서 주운 낙엽이라면 꼭 삶아서 사용합시다.

▶ **모래**
열 전도율이 높아 사육장 바닥을 따뜻하게 유지해요. 사막에 사는 도마뱀에게 필요해요. 모래를 밟고 다니면 운동도 된답니다.

주의! **바닥재로 부직포를 깔아요**

사막에 사는 도마뱀을 키울 때는 바닥재로 모래 대신 부직포를 넣어 주세요. 먹이를 먹을 때 모래를 같이 먹을 수 있기 때문이지요. 모래를 많이 먹으면 장폐색(장이 막히는 질병)이 올 수 있습니다. 이를 방지하기 위해 칼슘을 분말로 만든 '칼슘샌드'라는 제품도 있답니다.

3. 장식품

▶ **은신처**
체온을 유지하고, 빛을 피하는 장소예요. 스트레스를 덜 받게 합니다. 암석 은신처나 코르크 튜브를 주로 사용해요. 건식 은신처와 습식 은신처로 나뉘어요.

▶ **코르크 보드, 대나무**
좁은 사육장을 넓게 느끼게 해 줍니다. 놀이터인 셈이지요. 탈피할 때 껍질을 쉽게 벗을 수 있도록 도와줘요.

▶ **먹이 그릇, 물그릇**
도마뱀의 크기와 먹이 종류, 습성에 따라 다양한 물그릇을 씁니다. 주 먹이인 밀웜이 나오지 못하도록 만든 그릇으로 '웜디시'라고도 불러요.

▶ **인공 식물**

사육장 안에 그늘을 만들어요. 색이 화려한 도마뱀의 사육장에는 어두운 색의 은신처보다 식물을 넣어 주세요. 자연의 느낌을 살려 준답니다.

▶ **백스크린(인조 바위벽)**

백스크린은 유리 사육장에 사는 도마뱀이 사방이 유리일 경우에 느끼는 스트레스를 줄여 줍니다.

4. 도구

▶ **온습도계**

사육장의 온도와 습도가 적절한지 확인할 수 있습니다. 보통 디지털 온습도계를 많이 씁니다. 스티커로 된 온도계도 있어요.

▶ **분무기**

사육장의 습도를 유지합니다. 조명을 향해 물을 뿌리지 말아요.

▶ **슬라이딩 도어록**

도마뱀의 탈출을 방지합니다.

▶ **타이머**

조명을 켜고 끄는 시간을 알려 줍니다.

▶ **쿨링팬(냉각팬)**

온도가 너무 올라가지 않게, 환기가 잘되게 합니다.

▶ **미세저울**

도마뱀의 무게를 잽니다.

▶ **청소 도구**

작은 빗자루와 쓰레받기를 써요. 사육장을 깔끔하게 유지합니다.

▶ **정글바인(인조 나무덩굴)**

놀이터입니다.

▶ **핀셋**

먹이를 주거나 배설물을 치울 때 사용합니다.

▶ **발톱깎이**

도마뱀의 날카로운 발톱을 자릅니다.

▶ **솔**

솔을 이용해 탈피를 도와주기도 합니다.

▶ **핸들링 장갑**

맨손으로 다루기 어렵거나, 손을 무는 도마뱀을 핸들링 할 때 사용합니다.

무엇을 먹을까요?

도마뱀의 먹이는 크게 곤충, 동물, 사료, 채소로 나눌 수 있습니다. 먹이를 주는 행동을 '피딩'(feeding)이라고 해요. 사료는 물에 섞어 요거트처럼 만들어 줍니다.

> 먹이는 도마뱀보다 큰 것을 주지 말아요!
> 귀뚜라미 포획기를 사용하면 편해요!

곤충

귀뚜라미

밀웜

곤충 젤리

> 먹이에 영양제를 묻혀서 주는 걸 '더스팅'이라 합니다.

> 먹이다! 먹이!

동물

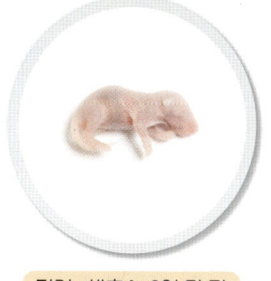
핑키 : 생후 1~2일 된 쥐

퍼지 : 눈을 뜨기 전인 쥐

하퍼 : 젖을 떼기 전인 쥐

달걀

사료

슈퍼푸드

판게아

푸디바이트

주의! 먹이는 적당히 줘요
한 번에 너무 많이 먹이면 토를 하거나 먹이가 소화되지 않은 채 변으로 나올 수 있어요.

영양제

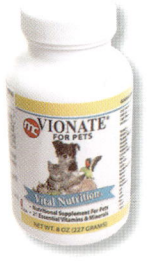
비타민과 칼슘 종합제

비타민 영양제

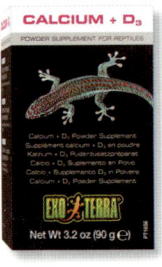
비타민 D_3 칼슘제

장 기능을 개선해 소화를 도와주는 영양제예요.

뉴트리박

아하! 도마뱀의 변
- 도마뱀의 변이 흰색이면 소변, 갈색이나 검은색이면 대변이에요!
- 변을 보고 건강한지 확인할 수 있어요. 너무 딱딱하거나 무르지 않은 변이 정상이에요.

짝짓기와 부화를 살펴봐요

수컷과 암컷이 성체가 되면 짝짓기를 시킬 수 있어요. 짝짓기를 '메이팅'이라고 합니다. 성체가 되기 전에 하는 짝짓기는 위험해요. 성체가 되었는지는 보통 몸무게와 크기로 판단합니다.

수컷이 암컷의 목을 물면 짝짓기를 하려는 거예요.

짝짓기 중이에요.

10~20분 정도 기다려야 해요.

도마뱀마다 다르지만 보통 1~2개월이 지나면 산란해요.

암컷이 바닥을 뱅뱅 돌거나 땅을 파면 알을 낳으려는 행동일 수 있어요. 암컷이 안전하다고 느끼도록 은신처를 만들어 줘요. 습식 은신처에 코코피트를 70% 정도 채우고 사육장을 습하게 유지하면 됩니다.

도마뱀의 종류에 따라 유지해야 할 온도는 25~33℃, 부화 기간도 1~3개월, 알의 개수도 1~50개로 다 달라요.

짜잔, 알이 나왔어요!

알을 보관하는 인큐베이터 '미니짱'

알은 온도와 습도를 알맞게 유지하는 게 중요해요. 온도와 습도가 자동으로 조절되는 인큐베이터 안에 보관하는 게 좋지요. 미니짱이나 온장고가 없더라도 은신처로 인큐베이터(부화장)를 만들 수 있답니다. 게코도마뱀의 알은 자연 부화가 되기 때문에 그대로 둬도 됩니다.

아하! 성별을 정할 수 있대요!

도마뱀의 알은 온도에 따라 성별이 정해져요. 27~28℃에서는 암컷이, 31~32℃에서는 수컷이 많이 나와요. 그래서 도마뱀을 전문적으로 사육하는 브리더들은 원하는 성별의 도마뱀이 태어나도록 온도를 조절한답니다. 종마다 부화 기간과 적정 온도, 낳는 알의 개수가 다릅니다. 각 장에서 확인해 보세요!

건강하게 보살펴요

탈피할 때 꼭 알아 두세요!

도마뱀은 몸이 커지면서 탈피를 합니다. 탈피 전에는 비늘이 하얗게 뜨고, 밥을 잘 먹지 않기 때문에 탈피를 예상할 수 있어요. 스트레스를 받는 시기이므로 건들지 말아요. 탈피할 때는 코르크 보드나 돌에 몸을 문지르거나 입으로 잡아 뜯어 껍질을 벗습니다. 껍질은 먹어 치워 흔적을 없애지요.

탈피할 때 수분이 부족하면 잘 벗지 못해요. 따라서 습식 은신처와 건식 은신처를 오갑니다. 껍질을 잘 벗지 못한다면 도마뱀의 다리 높이까지 물을 담은 큰 그릇에 도마뱀을 넣고 미온수에 온욕을 시켜요. 하지만 최대한 스스로 탈피하게 두세요.

꼬리가 잘렸어요!

겁이 많은 도마뱀은 꼬리를 세게 잡기만 해도 꼬리를 끊어요. 잘린 꼬리가 마구 움직여도 너무 놀라지 마세요. 신경이 있어 움직이는 것뿐이랍니다. 꼬리를 끊기 전에 몸과 꼬리를 연결하는 혈관을 수축시키기 때문에 피가 나지는 않아요.

모든 도마뱀의 꼬리가 다시 나진 않아요. 크레스티드 게코는 꼬리가 한 번 잘리면 다시 나는 건 아니랍니다. 꼬리 끝에 신경이 없는 도마뱀도 있지요. 바로 비어디 드래곤이에요. 생긴 건 듬직하고, 무섭지만 사육장에 먹으라고 풀어 둔 귀뚜라미가 꼬리를 물어뜯어도 모른답니다.

꼬리가 잘려도 잘 산다고!

아하! 도마뱀이 아플 때는?

파충류도 진료를 보는 동물병원에 가야 해요. 갈 일이 없으면 좋겠지만 혹시 모르니 알아 두는 게 좋겠지요?

아크리스 동물의료센터 : 서울 강남구 봉은사로 104길 10 동화빌딩 3층 ☎ 02-583-7582
한성동물병원 : 서울 관악구 신림로 265 ☎ 02-872-7609
에코동물병원 : 서울특별시 송파구 동남로 161 청공빌딩 101호 ☎ 02-443-2222
가람동물병원 : 경기도 고양시 일산동구 강석로 156 강촌마을 선경상가 101호 ☎ 031-906-0976
예당동물병원 : 대전광역시 유성구 원신흥로 55번길 6-4 ☎ 042-822-5071
오션시티동물병원 : 부산광역시 강서구 명지오션시티11로 66 G타워 203호 ☎ 051-271-7582

도마뱀이 아파요!

도마뱀이 많이 걸리는 질병으로는 거식증, 기생충 감염, 구내염, 눈병, MBD(Metabolic Bone Disease)라 부르는 대사성 골질환 등이 있습니다. 입냄새가 나면 구내염을 의심할 수 있어요. 수분이 충분하지 못하면 눈두덩이가 푹 들어가 있기도 합니다. 평소에 입, 눈, 꼬리, 발 등 몸 곳곳을 잘 살펴봐야 합니다.

영양 결핍으로 휜 꼬리

MBD에 걸려 휜 꼬리

거식증과 눈병이 동시에 걸린 레오파드 게코

입을 벌려 고약한 냄새가 나는지 확인해요!

병원으로 안전하게 옮겨요!

도마뱀이 아프다면 병원에 어떻게 데려가야 할지 막막할 거예요. 차근차근 따라 해 봐요. 먼저 도마뱀의 크기에 맞는 플라스틱 통을 준비해요. 뚜껑에 구멍을 뚫은 다음, 바닥에 키친타월을 깔아 주세요. 도마뱀을 넣고 뚜껑을 덮은 뒤 스티로폼 박스에 넣어요. 날씨가 추울 때는 보온 팩도 함께 넣어 온도를 유지한 채 이동합니다.

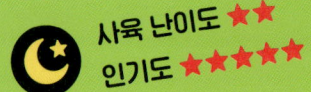

사육 난이도 ★★
인기도 ★★★★★

이 구역의 인기 짱은 나야!
'사막의 작은 표범'
레오파드 게코

학명 Eublepharis macularius
영어명 Leopard Gecko
다른 이름 표범 도마뱀붙이
수명 약 10~20년
길이 약 18~25cm

레오파드 게코는 사냥 실력이 뛰어나서 '사막의 작은 표범'이라고 불려요. 알록달록한 색깔로 매력을 뽐내는 덕분에 도마뱀을 좋아하는 마니아 사이에서 인기가 많아요.

레오파드 게코는 '모프'(13쪽 참조)에 따라 색이나 무늬가 바뀝니다. 색이나 무늬에 따라 갤럭시, 탠저린 등 이름이 붙어요. 좋아하는 색을 띠는 도마뱀만 입양하는 사람도 많지요.

빨간색, 주황색, 노란색까지! 색이 정말 다양하지?

우리는 온몸이 무늬로 덮여 있지롱~.

브르의 첫 도마뱀 가족 '귤이'를 소개합니다

브르가 맨 처음에 키웠던 도마뱀도 레오파드 게코예요! 우리 귤이 아는 친구 있나요?

레오파드 게코는 귀여울 뿐만 아니라 키우기도 쉬워서 도마뱀을 처음 키우려는 친구들에게 추천합니다. 짝짓기와 부화도 어렵지 않아요.

🦎 사육장을 꾸며요

온도 핫존 30~34℃, 쿨존 28~30℃
습도 40~50%

❖ 사육장의 공기가 차지 않도록 온도를 높여 주세요.

온도와 습도가 맞는지 자주 확인해요!

핫존의 온도를 30~32℃로 맞추면 쿨존은 자연스럽게 온도가 맞습니다.

귀뚜라미

온도계 스티커

칼슘제

레오파드 게코 사육장 준비 완료!

전기장판

웜디시

밀웜이 나오지 못하게 만든 먹이 그릇이에요. 영양 보충은 밀웜으로 한답니다.

습식 은신처

습도를 높인 은신처예요. 탈피할 때 습식 은신처와 건식 은신처를 왔다 갔다 합니다. 자신에게 필요한 습도를 찾아 움직이는 것이지요.

뭘 먹을까~?

코코피트를 넣어서 아늑해요.

건식 은신처

세라믹 은신처를 주로 써요. 코코넛 은신처도 많이 씁니다.

🐛 맛난 먹이를 줘요

먹이는 하루에 한 번! 도마뱀 머리 크기의 반 정도를 주면 됩니다. 도마뱀에게 먹이를 다양하게 먹여 보고, 좋아하는 먹이로 주세요. 몸이 커지면 먹이양도 늘려 주세요.

횟수 1일 1끼
먹이 밀웜, 슈퍼밀웜, 귀뚜라미

밀웜 　　　슈퍼밀웜 　　　귀뚜라미

먹이에 칼슘제를 뿌려요.

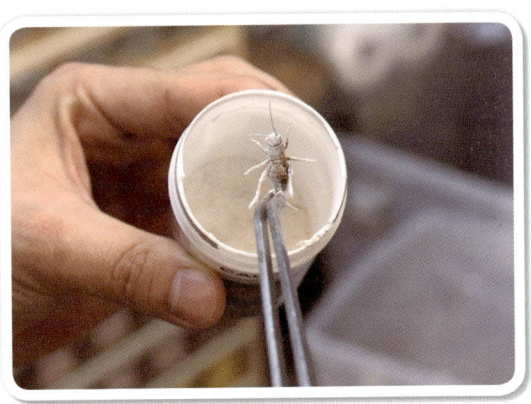

귀뚜라미를 줄 때도 영양제를 묻혀서 주세요.

난 한 마리면 배불러.

먹이를 눈앞에서 흔들어 줍니다.

🥚 짝짓기와 부화를 시켜요

레오파드 게코는 1년이면 성체가 됩니다. 짝짓기는 수컷이 45g, 암컷이 50g 이상 되었을 때 시키는 게 안전합니다.

> 수컷과 암컷의 생식기는 이렇게 구별한답니다.

수컷 생식기

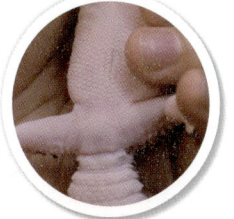
암컷 생식기

짝짓기

먼저 수컷이 꼬리를 흔들어 암컷을 유혹해요.

그런 다음 수컷이 암컷의 목덜미를 물고 몸을 감싼 뒤 짝짓기를 해요.

10~20분 정도 시간이 걸려요.

산란

짝짓기를 한 뒤 30~50일 정도가 지나면 알을 낳아요. 한 번에 알을 다 낳지 않고, 한 달에 한두 개씩 여러 번 산란해요. 산란장에 수태나 코코피트 등을 넣고, 습도를 높게 유지해야 좋아요. 산란장이 마음에 들지 않으면 아무 데나 산란하기도 한답니다. 알에 물이 닿으면 썩을 수 있으니 조심하세요.

알이 나왔어요!

알을 뒤집거나 옮기면 안 돼요! 산란한 지 하루가 채 안 된 알을 발견했다면 그대로 부화장에 옮긴 다음 숨구멍을 위로 두고, 날짜를 꼭 써 두세요. 알은 50~60일 정도면 부화할 거예요.

인큐베이터

인큐베이터에서 부화시킬 수 있어요. 물론 일정한 온도만 유지한다면 렉 사육장에서 부화시킬 수 있어요. 전기장판과 담요로도 부화장을 만들 수 있습니다. 나만의 부화장을 만들어 봐요!

미션! 알을 부화장으로 옮겨라!

아하! 암컷 아니면 수컷?

도마뱀의 알은 부화장의 온도에 따라 성별이 정해집니다. 물론 100%는 아니에요. 27~28℃의 온도에서는 암컷, 31~32℃의 온도에서는 수컷이 나올 확률이 높답니다. 온도가 29~30℃로 유지된다면 수컷이 나올지 암컷이 나올지 아무도 모른답니다!

정브르와 함께 관찰해요

안전하게 놀아주려면?

하루에 1~2분씩 손에 올려서 눈을 맞추세요. 오래 만지면 스트레스를 받을 수 있어요.

탈피 중이에요!

탈피할 때 발톱 끝에 껍질이 끼진 않았는지 확인하세요. 탈피할 때는 식욕이 떨어져 잘 먹지 않으니 알아두세요! 탈피 후에는 걸음걸이가 괜찮은지 확인해야 합니다.

끙차 끙차

코르크 보드가 있으면 더 쉽게 벗을 텐데….

꼬리가 휘었다면?

칼슘제와 영양제를 먹이면 나아지기도 하지만 심하면 꼬리를 자르기도 합니다.

정상적인 꼬리

휜 꼬리

내 꼬리는 휘었어.

눈을 자주 봐요

레오파드 게코는 눈병이 쉽게 걸리는 종이에요. 평소에 눈을 자주 확인해 주세요!

난 아픈 게 아니라 윙크 하는 거지롱~!

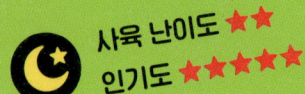

사육 난이도 ★★
인기도 ★★★★★

다들 내 속눈썹의
매력에 빠져 버릴걸?
후훗!

속눈썹이 예술!
크레스티드 게코

학명 Correlophus ciliatus
영어명 Crested Gecko
다른 이름 속눈썹 도마뱀붙이
수명 약 10~20년
길이 약 12~25cm

크레스티드 게코는 뉴칼레도니아 남부에 사는 게코 도마뱀입니다. '크레스티드 게코'를 줄여서 '크레'라고 많이 부릅니다. '게코'(Gecko)는 우리말로 '도마뱀붙이'라는 뜻이에요. 크레스티드 게코는 게코 도마뱀 중에서 행동이 느린 편이라서 핸들링이 쉽지요.

"난 벽에 붙는 게 좋아."

도마뱀을 처음 키우려는 친구들에게 추천하는 도마뱀이에요. 곤충이 무섭다고요? 걱정 마세요! 크레스티드 게코는 슈퍼푸드와 판게아 같은 완전식품형 사료도 먹어요. 매번 곤충을 주지 않아도 되지요. 곤충을 무서워하는 친구들에게 특히 추천해요.

손 위에 올렸을 때 촉감은 만져 본 사람만 알아요! 브르도 새끼 한 마리를 입양해서 지금까지 함께 지내고 있답니다.

❓ 게코는 달라붙기 선수?

게코는 발바닥에 빨판이 있어요. 빨판 사이사이에 갈고리 모양의 털과 돌기가 있어서 미끄러운 벽에서도 잘 붙어 있을 수 있어요. 벽에 한쪽 발바닥만 붙어 있어도 달랑달랑 매달릴 수 있대요!

🦎 사육장을 꾸며요

크레스티드 게코는 가볍고, 환기가 잘되는 게코 도마뱀 전용 사육장에서 주로 키웁니다.
채집통이나 유리 사육장에서도 키울 수 있답니다.

온도 22~28℃
습도 60~70%

❖ 실내 온도가 20℃ 아래로 떨어지면 전기장판을 켜거나 담요를 덮어 온도를 맞춰 주세요.

하루에 2~3번 물을 뿌려 주세요!

벽에 맺힌 물방울을 핥아 먹으며 수분을 보충하지요. 게코 도마뱀은 고인 물을 잘 먹지 않아요. 사육장의 습도를 맞추기 위해 물그릇을 넣기도 합니다.

아하! 사육장 만들기 도전!
1. 바닥에 키친타월을 깐다.
2. 안에 코르크 보드와 대나무를 넣는다.
3. 게코 도마뱀 전용 먹이 그릇을 넣는다.
4. 슈퍼푸드를 물과 잘 섞어서 죽처럼 만든 다음 먹이 그릇에 넣는다.
5. 온습도계를 붙이면 완성!

브르와 함께 크레스티드 게코 사육장을 만들어 보자!

코르크 보드

벽이나 나무에 붙어 있는 걸 좋아해요. 두꺼운 수수깡을 넣어도 됩니다.

나무에 딱 달라붙어 있을 거예요!

인공 식물

인공 식물을 넣어 자연의 느낌을 살려 주세요.

🦎 맛난 먹이를 줘요

곤충도 잘 먹기 때문에 슈퍼푸드와 곤충을 번갈아 주는 게 좋아요!
새끼 때에 잘 먹인다면 어떤 생물보다 키우기 쉬운 도마뱀이랍니다.

횟수 1일 1끼
먹이 슈퍼푸드, 밀웜, 귀뚜라미

슈퍼푸드를 넣은 주사기

냠냠, 맛있어~.

슈퍼푸드

게코 도마뱀을 위한 슈퍼푸드예요.

판게아

요거트 정도의 점성이 되도록 물과 섞어서 작은 숟가락이나 주사기로 먹입니다. 코와 입 주변에 조금씩 묻히면 핥아 먹습니다. 먹기 싫다면 입을 벌리고 머리를 흔들어 토할 거예요. 그러면 그만 먹여야 합니다. 스트레스를 받을 수 있어요.

밀웜과 귀뚜라미

도마뱀의 머리보다 작은 먹이를 주는 게 좋습니다. 살아 있는 밀웜이나 귀뚜라미를 핀셋으로 집어 눈앞에 보여 주세요. 안 먹으려고 도망갈 때는 먹이를 잘라서 슈퍼푸드를 주듯이 코에 묻혀 보세요. 혀로 맛을 보다가 어느새 앙! 하고 먹을 거예요.

밥 주세요~. 오늘은 귀뚜라미 곱빼기!

도마뱀의 크기에 따라 귀뚜라미를 잘라 주세요!

먹이인지 잘 모른다고요?

크레스티드 게코 새끼는 먹이 인식 능력이 떨어집니다. 먹이에 익숙해질 때까지 꾸준히 주세요. 환경 때문에 스트레스를 받아서 먹지 않기도 합니다. 온도와 습도, 빛에 노출되는 시간 등 환경이 적절한지 확인하세요. 제일 중요한 것은 온도입니다!

🐞 짝짓기와 부화를 시켜요

크레스티드 게코는 보통 암컷의 배란 시기인 봄이나 가을에 합사를 시켜요. 암컷이 35g, 수컷은 30~35g일 때부터 짝짓기를 시키는 게 안전합니다. 수컷이 암컷에게 다가갈 때 암컷이 입을 벌려 수컷을 물려고 하나요? 암컷이 수컷을 거부하는 겁니다. 이때는 암컷과 수컷을 떨어뜨려야 합니다.

내 남자친구는 언제 만날 수 있을까?

? 유정란과 무정란의 차이
유정란은 수컷의 정자와 암컷의 난자가 만나 수정한 다음에 산란한 알이에요. 수정이 되지 않은 채 산란한 알을 무정란이라 하지요. 무정란은 부화기에 넣어도 변화가 없답니다.

브르, 도와주세요!
부화하다가 알에 끼었대요!

크레스티드 게코 새끼가 알에 끼어서 못 나오고 있어요. 어떻게 도와야 할까요?

이 정도면 적당하군!

짝짓기가 끝나면 암컷과 수컷을 분리합니다. 암컷이 사육장에서 편하게 쉬면서 산란할 수 있는 공간을 만들어 주세요. 습식 은신처에 코코피트를 70% 정도 채운 다음 사육장 구석에 놓아 두면 됩니다.

렉 사육장에서 부화를 시켜요

짝짓기를 하고 약 1~2개월 뒤부터 암컷은 한 번에 알을 한두 개씩 낳아요. 건강한 암컷은 짝짓기 한 번에 최대 7번까지 알을 낳을 수 있어요. 처음 알을 낳는 암컷은 2~4번 산란합니다. 초산이라면 무정란이 많아 새끼가 태어나지 않을 수 있어요.

정브르와 함께 관찰해요

벽에서 자꾸 미끄러져요!

게코 도마뱀은 벽에 잘 붙어 있다면 건강한 거랍니다. 컨디션이 좋지 않다면 벽에 잘 붙지 못합니다. 온도와 습도가 적절한지 확인하세요.

나 안 미끄러졌어요!

미끌

밥을 너무 안 먹어요!

먹이를 너무 안 먹으면 온도와 습도를 다시 확인하고 건드리지 말아요. 먹이를 갖다 댔을 때 조금이라도 더 반응하는 먹이로 주세요.

아하! 꼬리가 잘려도 다시 자라지 않아요!

크레스티드 게코는 꼬리가 잘려도 다시 자라지 않습니다. 꼬리가 없어도 건강하니 걱정하지 마세요!

어떤 사육장이 좋을까요?

한 마리를 키울 때는 가로 20cm×세로 20cm×높이 30cm 사육장을 씁니다. 두 마리 이상 키울 때는 가로 30cm×세로 30cm×높이 45cm 사육장을 써요.

사육 난이도 ★★★★
인기도 ★★★★★

〈드래곤 길들이기〉의 주인공은 나야 나!
레드아이 아머드 스킨크

학명 Tribolonotus gracilis
영어명 Red-eyed Armored Skink
다른 이름 레드아이 크로커다일 스킨크, 붉은눈 아머드 스킨크
수명 약 10~12년
길이 약 15~20cm

인도네시아와 뉴기니섬의 고도가 높은 산림 지대에서 삽니다. 온몸은 딱딱한 비늘로 덮여 있고, 머리는 위에서 보면 삼각형이에요. 위험에 처했을 때 미리 만들어 둔 은신처로 대피할 정도로 똑똑한 도마뱀이에요.

사육장을 꾸며요

제일 중요한 건 온도와 습도랍니다. 습하면서 서늘한 환경을 만들어 줘야 해요.
사육장 안에 코르크 보드나 코르크 튜브, 코코넛 은신처를 많이 넣어 주세요.

온도 22~28℃
습도 60~70%

누가 날 보고 있군.
은신처로 숨어야겠어.

바닥재

코코피트와 바크를 1 대 2 비율로 섞어 바닥에 깔아 줍니다. 황토를 넣어도 좋습니다. 3~5cm 높이로 깔아 주면 보습 효과가 있을뿐더러 알을 낳기 좋은 환경이 됩니다.

코코피트   바크

수영장

수영을 좋아하는 레드아이 아머드 스킨크를 위한 큰 물그릇입니다. 물 높이는 4~5cm로 낮게 해야 합니다. 스트레스를 받으면 물에 들어가 죽는 경우도 있기 때문입니다. 물은 자주 갈아 줍니다.

수태와 생이끼

습도를 유지하기 위한 이끼입니다. 벽에 물이 흘러내릴 정도로 사육장을 습하게 유지하는 게 좋습니다.

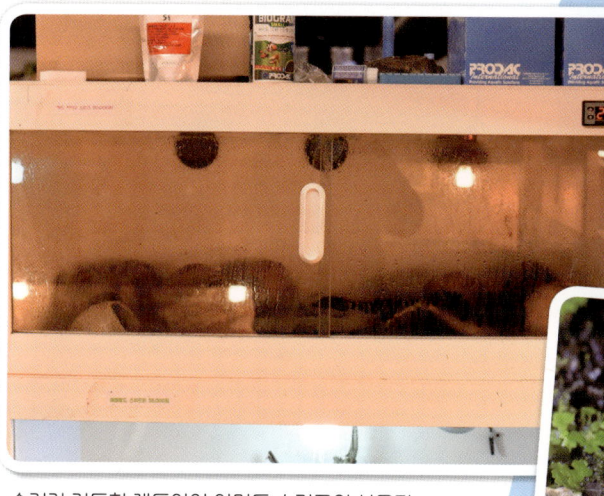

습기가 가득한 레드아이 아머드 스킨크의 사육장

이끼도 좋고 물도 좋아~.

🐛 맛난 먹이를 줘요

레드아이 아머드 스킨크도 다른 도마뱀처럼 밀웜과 귀뚜라미를 먹습니다. 혼자서 밀웜을 챙겨 먹을 수 있도록 웜디시에 담아 두세요. 귀뚜라미를 사육장에 풀어 두거나 핀셋으로 집어서 먹여 줍니다. 마리당 귀뚜라미 1~2마리를 줍니다. 매일 얼마나 먹는지 적어 두세요.

횟수 1일 1끼
먹이 밀웜, 귀뚜라미

밀웜　　　　귀뚜라미

소식하는 편이라 먹이를 아무리 줘도 먹지 않을 수 있어요. 그럴 땐 환경에 적응할 때까지 기다리세요. 밤에 혼자 활발하게 움직이는지 확인한 후에 은근슬쩍 귀뚜라미를 풀어 주는 게 좋습니다.

레드아이 아머드 스킨크 사육법 총정리!

아하! 먹이는 적당히 넣어요!

사육장에 귀뚜라미를 많이 풀어 놓으면 스트레스를 받을 수 있어요! 한 마리만 넣어 두고 다음 날 사라졌는지 확인하세요.

🥚 짝짓기와 부화를 시켜요

레드아이 아머드 스킨크는 수컷과 암컷을 한데 넣어도 짝짓기에 성공하기 어렵습니다. 쉽지는 않지만 도전해 보세요. 15g 이상으로 준성체(새끼와 성체의 중간)가 된 수컷과 암컷을 합사해 두고 기다리다 보면 알이 있을 거예요. 주로 늦가을에 산란합니다.

온도 24~27℃
기간 약 60~70일

알을 지키고 있는 레드아이 아머드 스킨크

저온에서 부화시키는 걸 추천합니다. 조금 더 튼튼하고 건강한 새끼들이 나오기 때문입니다. 온도에 따라 성별이 결정되기 때문에 발색이 좋은 수컷을 태어나게 하려고 고온으로 해칭하는 브리더들도 많아요.

수컷과 암컷은 머리 크기로 구별할 수 있어요. 수컷이 더 크기 때문이죠. 더 확실하게는 발가락으로 구별해요. 뒷다리 발가락의 셋째 마디와 넷째 마디에 굳은살처럼 딱딱한 부분이 있으면 수컷, 없으면 암컷이랍니다.

수컷과 암컷 구별하기

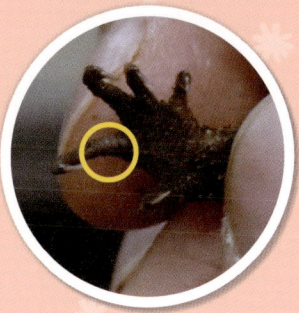
수컷 발바닥

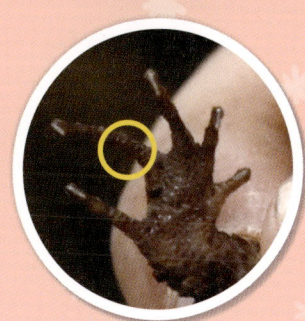
암컷 발바닥

정브르와 함께 관찰해요

적응 기간에는 만지지 마세요!

사육장에 적응하는 1~2주 동안은 스트레스를 줄이기 위해 만지지 마세요. 적응 기간에는 먹이를 잘 먹지 않습니다. 너무 걱정하지 마세요.

습도를 자주 확인하세요

습한 곳에 사는 도마뱀이기 때문에 공기가 건조하면 등 비늘이 벌어지면서 염증이 생길 수 있습니다. 습도를 높게 유지해 주세요.

입양할 때 알아 두세요!

배가 빵빵한 도마뱀을 데려오는 게 좋습니다. 배가 빵빵한 아이들이 먹이를 잘 먹는 편이기 때문이죠. 사육장에 다시 풀어 줄 때 빠르게 움직이는지도 확인하세요.

핸들링을 자주 해야 할까요?

핸들링 할 때 바닥으로 뛰어내릴 수 있으므로 조심하세요. 핸들링은 너무 자주 하지 않습니다. 건강한 도마뱀도 폐사하는 끔찍한 일이 벌어질 수 있습니다.

> 손가락으로 도마뱀의 몸통을 잡아 주세요.

> 여긴 너무 높은걸….

주의! MBD와 눈병을 예방해요

레드아이 아머드 스킨크에게는 다리나 꼬리가 휘는 대사성 골질환이 치명적입니다. 칼슘이 결핍되어 생기는 질환으로, MBD(Metabolic Bone Disease)라 부릅니다. 칼슘제와 영양제로 병을 예방할 수 있어요. 눈병 또한 위험합니다. 레오파드 게코와 다르게 레드아이 아머드 스킨크의 눈병 치료는 굉장히 어렵기 때문에 평소에 먹이를 줄 때 눈을 자주 살펴보세요.

칼슘 보조제

사육 난이도 ★★
인기도 ★★★★

내가 바로 수염 도마뱀!
비어디 드래곤

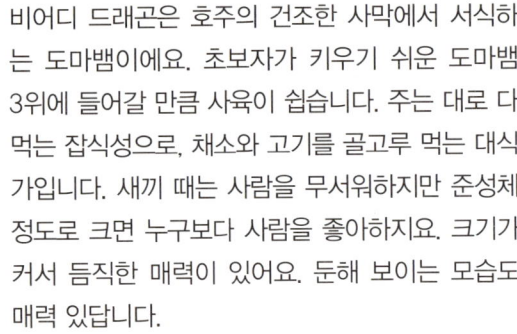

학명 Pogona vitticeps
영어명 Bearded Dragon
다른 이름 수염 도마뱀, 턱수염 도마뱀
수명 약 10~20년
길이 약 40~60cm

비어디 드래곤은 호주의 건조한 사막에서 서식하는 도마뱀이에요. 초보자가 키우기 쉬운 도마뱀 3위에 들어갈 만큼 사육이 쉽습니다. 주는 대로 다 먹는 잡식성으로, 채소와 고기를 골고루 먹는 대식가입니다. 새끼 때는 사람을 무서워하지만 준성체 정도로 크면 누구보다 사람을 좋아하지요. 크기가 커서 듬직한 매력이 있어요. 둔해 보이는 모습도 매력 있답니다.

난 새끼!

아하! 다양한 비어디 드래곤

우리가 보는 비어디 드래곤은 보통 중부 비어디 드래곤이에요. 호주의 어느 지역에 사느냐에 따라 서부, 동부, 중부로 나뉩니다. 서부 비어디 드래곤은 다른 비어디 드래곤보다 날쌔고, 동부 비어디 드래곤은 사나운 편이에요.

이 밖에도 다양한 비어디 드래곤이 있어요. 랜킨스 드래곤은 두개골이 좁아서 머리도 작고 성체가 되어도 30cm로 작아요. 색이 화려한 킴벌리 비어디 드래곤은 개체 수가 많지 않아 가격대가 높아요. 또 어떤 비어디 드래곤이 있을까요? 찾아보세요!

나는 랜킨스 드래곤이야.

안녕? 난 지금 인사하는 거야.

채소를 아삭아삭 씹어 먹는 모습이 귀엽지 않나요?

사람을 보면 머리를 흔들거나 갸우뚱 고개를 돌리고 손을 빙글빙글 돌려요. 비어디 드래곤은 먹이에 빠르게 반응하고 번식이 쉬워요. 사람을 잘 물지 않고 핸들링도 쉽답니다. 도마뱀을 처음 키우는 사람에게 딱 맞는 도마뱀이지요.

뭐야~ 뭐야~ 뭐 줄 거 있어?

🦎 사육장을 꾸며요

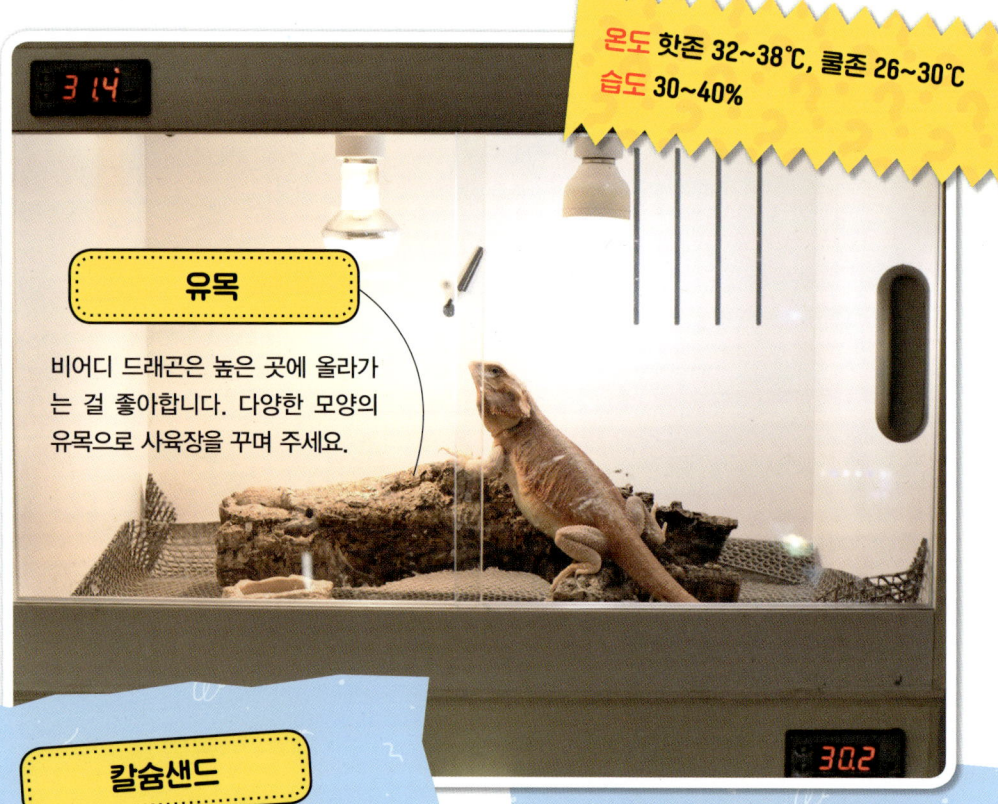

온도 핫존 32~38℃, 쿨존 26~30℃
습도 30~40%

유목
비어디 드래곤은 높은 곳에 올라가는 걸 좋아합니다. 다양한 모양의 유목으로 사육장을 꾸며 주세요.

칼슘샌드
사육장의 냄새를 잡아 줄 뿐만 아니라 더러워지면 씻어서 다시 사용하면 됩니다. 1년에 한 번 정도 갈아 주세요. 도마뱀이 칼슘샌드를 먹는다면 칼슘이 부족하다는 뜻이므로 칼슘제를 챙겨 주세요.

과습 방지 패드

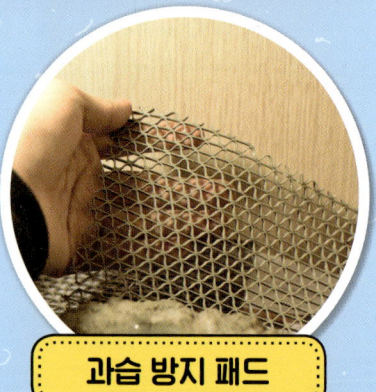

건조한 곳에서 살아가는 도마뱀입니다. 습기를 줄여 주는 깔개를 깔아 주세요. 신문지를 사용해도 좋습니다.

역시 일광욕은 돌 위에서 해야 제맛이지~.

UVB 램프

주행성 도마뱀에게 꼭 필요한 빛이에요. UVB 램프와 스팟 램프를 소켓에 잘 끼워 주세요.

스팟 램프

스팟 램프 아래에 물그릇을 두세요. 물이 따뜻해지면 도마뱀이 온욕을 하고 싶을 때 스스로 물에 들어갈 거예요. 물에 변을 보기도 하니 물은 자주 확인한 뒤 깨끗한 물로 갈아 주세요!

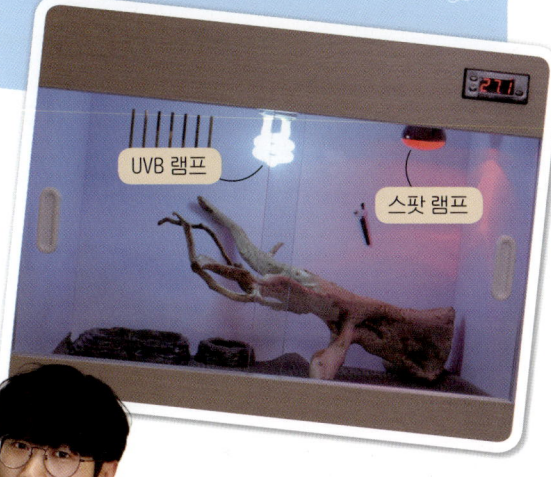

비어디 드래곤 일광욕하는 날~

주의! 일광욕이 중요해요!

UVB 램프로 햇빛과 같은 효과를 볼 수 있지만 자연광만큼 효과를 볼 수는 없습니다. 날씨가 좋을 때 데리고 나가서 5~20분 정도 일광욕을 시켜 줍시다!

🐛 맛난 먹이를 줘요

비어디 드래곤은 잡식성이기 때문에 귀뚜라미, 밀웜 뿐 아니라 애호박, 치커리, 청경채 같은 채소도 먹습니다. 채소를 잘 먹지 않는다면 눈앞에서 핀셋으로 흔들어 보세요. 잘 먹을 거예요. 채소는 꼭 신선한 걸로 챙겨 주세요.

횟수 1일 1~2끼
먹이 귀뚜라미, 밀웜, 채소

비어디 드래곤 가족 슈퍼밀웜 먹방!

하루에 2끼를 주면 폭풍 성장하는 걸 볼 수 있어요!

귀뚜라미나 밀웜은 비어디 드래곤의 머리보다 살짝 작은 크기로 주세요. 비어디 드래곤은 먹는 대로 성장하므로 칼슘제도 꼭 챙겨 주세요.

❓ 비어디 드래곤은 꼬리 끝에 신경이 없다고요?

비어디 드래곤의 꼬리 끝부분(약 0.5~1cm)에는 신경이 없답니다. 사육장에 풀어 둔 귀뚜라미가 비어디 드래곤의 꼬리를 물어뜯을 수 있어요. 사육장 곳곳에 귀뚜라미 사료를 두어 비어디 드래곤이 다치지 않도록 해 주세요.

와그작 와그작

귀뚜라미에 칼슘제와 영양제를 묻혀 주세요. 사육장에 귀뚜라미를 풀어 둘 경우 비어디 드래곤이 귀뚜라미를 다 먹을 때까지 지켜봐 주세요. 귀뚜라미가 돌아다니다가 비어디 드래곤의 변을 먹기도 하는데, 그 변을 먹은 귀뚜라미 때문에 비어디 드래곤에게 기생충이 생길 수 있습니다.

🥚 짝짓기와 부화를 시켜요

몸무게가 350g 이상이 되면 짝짓기를 할 수 있어요. 수컷은 한 살만 지나도 짝짓기가 가능합니다. 암컷과 수컷 모두 발정기가 있어요. 서로 머리를 흔들며 신호를 주고받다가 수컷이 암컷의 목덜미를 물면서 짝짓기를 시작합니다. 10~20분가량 걸려요. 방해하지 않도록 조심하세요.

주의! **사육장에서 부화시켜요**
자동온도조절 사육장의 구석에 부화장을 놓아도 됩니다. 하지만 어미가 부화장을 엎을 수도 있으니 고정해 놓고 뚜껑을 단단히 닫으세요.

알은 보통 18~40개, 많게는 50개까지 여러 차례에 걸쳐 산란을 합니다. 비어디 드래곤은 땅을 파고 그 안에 알을 낳기 때문에 산란 시기가 되면 코코피트를 10cm 정도 두께로 깔아 주세요. 50~70일이 지나면 새끼가 태어날 거예요. 갓 태어난 새끼는 일주일 정도 먹이를 먹지 않아요. 부화장은 습하게 만들어 주세요.

정브르와 함께 관찰해요

온욕을 해 줘요!

새끼일수록 온욕을 자주 해 주세요. 따뜻한 물로 신진대사가 활발해지면서 배변도 잘하고 식욕도 올라갑니다. 원래 건조하고 척박한 땅에 사는 도마뱀이지만 따뜻한 물에서는 노곤노곤 잘 잔답니다.

아~ 따뜻해.

입양하기 전에 꼭 생각해요!

비어디 드래곤은 먹성이 굉장히 좋아요. 또 수명이 10~20년으로 길기 때문에 먹이나 관리 비용을 충분히 감당할 수 있는지 고려해서 데려와야 합니다.

데려올 때 도마뱀이 먹이에 반응을 잘하는지, 빠르게 잘 움직이는지도 확인합시다.

한 사육장에 여러 마리를 같이 키워도 될까요?

비어디 드래곤은 먹성이 좋아서 한 사육장에 두세 마리를 함께 키우면 먹이 싸움이나 서열이 생길 수 있습니다. 서열이 높은 도마뱀이 먹이를 배불리 먹고 나서도 먹이가 남도록 넉넉히 넣어 주세요.

눈이 중요해요!

입양할 때 눈을 잘 뜨는지 꼭 확인하세요. 새끼 때 눈을 잘 뜨지 못한다면 성체가 되어도 눈을 잘 못 뜰 거예요.

나는 자고 있는 거야~.

태어난 지 일주일 된 새끼들

내가 먼저 먹을 거야!

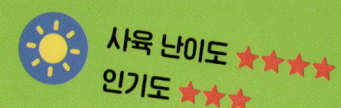

사육 난이도 ★★★★
인기도 ★★★

눈은 초롱초롱, 몸은 초록초록!
자이언트 데이 게코

사이테스 2급

학명 **Phelsuma grandis**
영어명 **Giant Day Gecko**
다른 이름 **초록 도마뱀붙이**
수명 **약 10~15년**
길이 **약 25~30cm**

귀여운 외모로 인기가 많아지면서 포획 수가 늘었어요. 자연 개체 수도 많이 줄어들어 '사이테스 2급'으로 지정되었지요. 사육하려면 환경부 사이트에서 '양수' 서류를 작성해 신청해야 합니다.

사이테스(CITES)란?
멸종 위기에 처한 동식물 교역에 관한 국제 협약입니다. 'Convention on International Trade in Endangered Species of Wild Fauna and Flora'를 줄여서 사이테스라 불러요. 국제적으로 보호되는 동식물 종을 지정하고, 수출입증명서 확인 같은 일정한 요건과 절차를 거쳐 수출입을 규제하고 있어요.

아하! 이런 도마뱀 친구도 있어요!

데이 게코도 종류가 많아요. 데이 게코 중에서 가장 작은 네온 데이 게코, 옆구리 무늬가 예쁜 라인 데이 게코, 겨드랑이와 꼬리 색이 예쁜 피콕 데이 게코도 있어요. 금가루가 뿌려져 있는 듯한 무늬를 가진 골드더스트 데이 게코도 있고, 최대 28cm까지 자라는 스탠딩 데이 게코도 있답니다.

네온 데이 게코

무늬가 예쁜 피콕 데이 게코

자이언트 데이 게코처럼 눈이 초롱초롱한 도마뱀을 본 적 있나요? 게코 도마뱀 중에 이렇게 영롱한 색을 띤 도마뱀이 있을 줄 몰랐어요.

데이 게코(Day Gecko)는 낮(day)에 활동해서 데이 게코라고 해요. 사육장은 따뜻하고 습해야 합니다. 높은 곳에서 활동할 수 있도록 긴 대나무나 식물을 넣어 주세요.

사람 손에 길들이는 것을 '테이밍'(taming)이라고 하는데, 자이언트 데이 게코는 테이밍이 어려워요. 도마뱀을 잡으려고 손에 힘을 주었다간 도마뱀의 피부가 눌리면서 화상 입은 것처럼 다칩니다. 회복이 굉장히 느리니 조심하세요.

사육장을 꾸며요

온도 핫존 32~35℃, 쿨존 23~25℃
습도 50~70%

❖ 온도를 일정하게 유지해 주세요. 건기와 우기 때 모두 적응하는 종이므로 습도 차이는 괜찮습니다.

사육장은 입체적이고, 푸르른 느낌을 살려 주는 게 좋습니다. 새끼 때 너무 큰 사육장에서 키우면 적응을 못할 수 있으니 새끼 때는 작은 사육장에서 키우는 게 좋아요. 커졌을 때 큰 사육장으로 옮겨 주세요. 게코 도마뱀은 식물이나 사육장 벽에 변을 보니 휴지나 물티슈로 사육장을 수시로 닦아 주세요.

이리 와. 여기 따뜻해서 딱이야.

아무리 좋은 램프라도 자연 일광욕의 효과는 따라갈 수 없어요. 가끔은 일광욕을 시켜야 합니다.

난 고인 물이 싫더라.

자이언트 데이 게코는 벽에 맺힌 물방울을 먹어 수분을 섭취합니다. 하루에 1~2번 사육장에 분무기로 물을 뿌려 주세요. 사육장의 습도도 유지한답니다.

인공 식물

자연 속에 있는 느낌을 줍니다. 그늘도 만들어 주기 때문에 천장이 높은 사육장에 넣어 주면 좋습니다.

백스크린

모든 면이 유리라면 스트레스를 받을 수 있습니다. 한 면은 백스크린으로 막혀 있는 게 좋아요. 울퉁불퉁한 나무 또는 우레탄 폼으로 제작된 백스크린을 많이 사용합니다.

먹이 그릇

높은 곳에서 활동하기 때문에 벽에 붙이는 게 코 도마뱀 전용 먹이 그릇을 넣어 주세요.

대나무

높은 곳에 오르길 좋아하기 때문에 긴 대나무를 넣어 줍니다. 은신처 겸 놀이터예요.

🦎 맛난 먹이를 줘요

자이언트 데이 게코는 곤충도 좋아하지만 달콤한 곤충 젤리나 슈퍼푸드, 과일도 좋아합니다. 먹이 그릇에 곤충 젤리와 슈퍼푸드를 두면 알아서 잘 먹습니다. 귀뚜라미나 밀웜을 줄 때, 먹이 경쟁에 밀려서 굶는 도마뱀이 생기기 때문에 핀셋으로 한 마리씩 먹여 주세요.

횟수 1일 1끼
먹이 귀뚜라미, 밀웜, 곤충 젤리, 슈퍼푸드

곤충 젤리

누가 나 불렀어?

귀뚜라미를 문 자이언트 데이 게코

같은 사육장에 여러 마리를 키우는 건 피하는 게 좋습니다. 최대 한 쌍까지만 키우기로 해요! 같은 종이어도 서로 물어뜯거나 상처를 낼 수 있기 때문에 자주 살펴보세요.

🥚 짝짓기와 부화를 시켜요

짝짓기 전까지는 따로 키웁니다. 합사는 봄에 하는 걸 추천합니다. 짝짓기를 할 때 수컷이 암컷의 목을 무는데, 자이언트 데이 게코는 피부가 약하기 때문에 암컷의 피부가 뜯기는 경우도 있어요. 피부가 벗겨지면 치명적이에요. 짝짓기를 할 때 다치지 않는지 유심히 봐야 합니다.

   수컷이 구애하는데 암컷이 피한다면 준비가 안 된 상황입니다. 2주 정도 뒤에 다시 도전하세요.

짝짓기를 하고 약 1~2개월 뒤에 코르크 튜브 속이나 벽에 산란합니다. 알은 깨지기 쉬우니 알을 옮길 때 조심하세요! 잘 떼어 내려면 칼이나 자로 알과 벽이 맞닿은 부분을 조심스럽게 긁어야 합니다. 그냥 둬도 부화하기 때문에 알을 꼭 부화장으로 옮기지 않아도 됩니다.

온도 28~30℃
기간 약 50~70일

알에서 나오니까 개운해!

부화했어요

부화를 한 뒤에 일주일 정도 적응할 시간이 필요합니다. 자이언트 데이 게코는 원래 사람 손을 안 타기 때문에 새끼에게 사람 손은 더욱 무섭게 느껴질 수 있습니다.

   사육장의 온도 차가 크다면 인큐베이터로 옮기는 게 좋습니다. 인큐베이터에 잠시 옮겨 두고 멋진 사육장을 만들어 줍시다. 새끼 때는 먹이를 주어 맛에 익숙해지도록 합니다.

정브르와 함께 관찰해요

핸들링이 어려워요

훗, 난 쉽지 않아!

피콕 데이 게코

게코 도마뱀 중에 피콕 데이 게코, 라인 데이 게코 같은 소형종은 제법 핸들링이 수월한 편입니다. 하지만 자이언트 데이 게코는 도마뱀을 능숙하게 잘 다루는 브리더가 아니라면 시도하지 않는 게 좋아요. 도마뱀이 움직이는 속도에 놀라서 떨어뜨릴 수도 있고, 한 번 놓치면 다시 잡기가 어렵기 때문이죠.

초파리 주의!

곤충 젤리와 슈퍼푸드를 오래 두면 초파리가 생길 수 있어요. 이틀에 한 번씩은 갈아 주세요. 초파리가 있는 상태에서는 새 먹이를 넣어도 몇 시간 만에 금방 상해 버립니다.

입양할 때 꼭 알아 두세요

보통 수컷이 암컷보다 발색이 멋져서 사람들이 수컷을 많이 찾는다고 해요. 입양할 때 성별을 꼭 확인합시다! 수컷과 수컷을 한 사육장에 두면 싸울 거예요.

마다가스카르에서 온 데이 게코를 만나 볼까요?

사육 난이도 ★★★
인기도 ★★

혼자서도 알을 낳을 수 있는 도마뱀!
모어닝 게코

학명 Lepidodactylus lugubris
영어명 Mourning Gecko
수명 약 10~15년
길이 약 8~10cm

> 브르가 모어닝 게코를 처음 본 건 여러 마리가 모여 같이 슈퍼푸드를 먹는 영상이었어요. 굉장히 인상이 깊었지요.

> 모어닝 게코는 어떤 도마뱀일까 찾아보니 처녀 생식을 하는 신기한 도마뱀이었어요!

필리핀, 인도네시아, 뉴기니, 싱가포르 등 동남아시아 곳곳에서 살고 있습니다. 모어닝 게코는 처녀 생식을 하는 것으로 유명해요. 암컷 혼자서 유정란을 낳는 신기한 도마뱀입니다. 1년에 알을 2개씩 여러 번 낳기 때문에 한 마리에서 여러 마리로 금방 늘어납니다. 한편 처녀 생식으로 낳은 알들은 99% 암컷만 나오다 보니 수컷이 굉장히 드물어요. 수컷이 암컷보다 10배 이상 비싼 가격에 분양되기도 해요.

사육하기 어렵지 않고, 귀여워서 많은 사람들이 좋아합니다. 여러 마리를 함께 키울 수 있는 도마뱀이랍니다. 단것을 좋아하기 때문에 곤충 젤리나 슈퍼푸드를 잘 먹어요.

사육장을 꾸며요

유목이나 수수깡, 식물로 사육장을 꾸며 주세요. 인공 식물은 도마뱀이 숨기 좋게 잎이 넓은 걸로 넣어 주세요. 사육장의 습도를 높게 유지해야 하기 때문에 하루에 1~2번 분무기로 물을 뿌려 주세요.

온도 핫존 24~28℃, 쿨존 20~22℃
습도 50~70%

수태

대나무처럼 구멍이 뚫린 은신처를 넣어 주세요. 은신처와 놀이터로 활용합니다. 모어닝 게코 새끼들은 몸이 약하기 때문에 바닥재에 숨곤 합니다. 수태를 촉촉하게 유지해 주세요.

잎이 넓은 식물과 정글바인으로 엄청난 사육장을 만들어 봤어요!

초호화 도마뱀 사육장을 만들어 볼까요?

잘 때는 건드리지 마라!

ZZZ~

🐛 맛난 먹이를 줘요

모어닝 게코는 새끼 때 흔적날개 초파리를 좋아합니다. 귀뚜라미나 밀웜은 핀셋으로 집어 주세요. 곤충 젤리와 슈퍼푸드는 먹이 그릇에 담아 두세요. 자연에서 잡은 귀뚜라미는 먹이로 주지 마세요! 기생충에 감염될 위험이 있습니다.

횟수 2일 1끼
먹이 흔적날개 초파리, 귀뚜라미 새끼, 작은 밀웜, 곤충 젤리, 슈퍼푸드

영양제는 레오파드 게코와 크레스티드 게코가 먹는 걸 사용합니다. 칼슘제와 비타민 영양제 골고루 먹이는 게 좋습니다. 귀뚜라미에 묻혀 주거나 슈퍼푸드에 섞어서 주세요.

흔적날개 초파리

바이오네이트 종합 영양제

🥚 짝짓기와 부화를 시켜요

모어닝 게코는 번식이 굉장히 쉽지만 수컷을 구하기 힘들어요. 처녀 생식으로 산란하기 때문에 암컷 여러 마리를 같이 키워도 됩니다. 대나무같이 구멍이 있고, 숨을 수 있는 은신처에 산란합니다. 알을 2~4주 간격으로 낳고, 한 번 산란할 때 한두 개씩 낳습니다. 처녀 생식이라서 알을 언제 낳는지 예측하기 힘들어요.

게코 도마뱀의 알은 자연 부화가 가능하기 때문에 그냥 두는 게 좋습니다. 온도는 24℃로 일정하게 유지하고, 6주 정도 기다리면 예쁜 새끼를 만날 수 있답니다.

주의! 크기가 작고 날쌘 모어닝 게코
핸들링이 어려운 도마뱀이에요. 사람 손을 무서워하지 않는 도마뱀도 있지만 대부분 무서워하기 때문에 빠르게 도망갈 거예요. 사육장의 얇은 틈으로 도망갈 수 있으니 조심하세요.

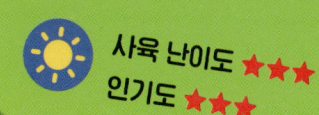

사육 난이도 ★★★
인기도 ★★★

학명 Varanus exanthematicus
영어명 Savannah Monitor Lizard
다른 이름 사바나 왕도마뱀
수명 약 10~15년
길이 약 80~120cm

사이테스 2급

개만큼 사람을 좋아해서 별명이 '개바나'!
사바나 모니터

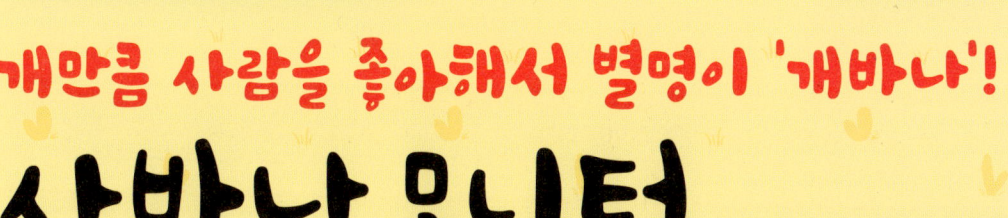

사바나 모니터는 아프리카 사바나 초원에 사는 왕도마뱀이에요. 내셔널지오그래픽 다큐멘터리나 〈동물의 왕국〉에 자주 등장하는 동물 중 하나랍니다. 사바나에서 살던 도마뱀이라 집에서 키울 때 넓은 사육장이 필요해요. 가끔 온욕과 운동을 시키고, 테이밍도 자주 해야 합니다. 이 밖에도 여러 주의 사항이 있습니다.

사바나 모니터는 보통 새끼부터 준성체까지 입양합니다. 새끼 때는 사람 손을 무서워해 꼬리치기를 하고 소리를 내며 위협할 거예요. 새끼는 그나마 힘이 약하기 때문에 길들이는 게 어렵진 않습니다.

먼저 손의 체온을 느끼게 하고 냄새를 맡게 해요. 쓰다듬으며 눈을 마주치세요. 어릴 때부터 하루에 한 번씩 꼭 테이밍을 하세요. 일주일 정도 테이밍을 안 하면 다시 야생성이 돌아옵니다. 오랜만에 테이밍을 하면 물릴 수 있으니 핸들링 장갑을 꼭 끼세요.

브르는 사바나 모니터 새끼를 처음 봤을 때 작은 공룡 같고 귀여워서 키우고 싶었어요. 챙겨야 할 게 많다 보니 그때는 키우지 못했지만 최근에 몇 마리를 입양해 키우고 있답니다.

정브르, 사바나 모니터 테이밍 도전!

손이 뭐야? 먹는 거야?

테이밍을 자주 해야 사람 손은 먹는 게 아니라는 걸 안다고 하네요! 덜덜….

🦎 사육장을 꾸며요

새끼 때는 몸길이가 20cm 정도예요. 새끼 여러 마리를 같이 키울 수 있지만, 성체가 되면 암컷은 최대 80cm, 수컷은 120cm까지 커집니다. 따라서 성체는 한 사육장에 한 마리씩 키우는 게 좋습니다.

온도 핫존 30~34℃, 쿨존 23~27℃
습도 50~60%

은신처 쪽에는 황토나 바크, 코코피트 등 바닥재를 두껍게 깔아 주는 게 좋습니다. 자연에서는 습한 땅을 파고들어 가 그 안에서 쉬기 때문이지요.

수영장

몸이 담길 정도로 큰 물그릇을 넣어 주세요.

UVB 램프

밖에서 일광욕 중….

사바나 모니터를 비롯한 주행성 파충류는 햇빛을 받으며 일광욕을 합니다.

돌

벽돌도 좋습니다. 스팟 램프 아래에 두세요. 따뜻한 돌 위에서 쉬곤 합니다.

🐛 맛난 먹이를 줘요

횟수 1일 1끼
먹이 곤충, 쥐, 닭 가슴살, 냉동 미꾸라지, 날달걀

❖ 물은 이틀에 한 번씩 깨끗한 물로 갈아 줍니다.

새끼 때는 귀뚜라미 같은 곤충을 주로 먹는데, 크면서 쥐, 닭 가슴살, 냉동 미꾸라지, 날달걀 등 다양하게 먹습니다. 어렸을 때부터 먹이를 어느 정도 먹는지 적어 두세요.

쥐

보통 냉동 쥐를 많이 줘요. 살아 있는 쥐를 주기도 합니다.

어찌나 잘 먹는지!
귀여운 사바나 모니터
새끼들입니다.

사바나 모니터의
귀뚜라미 먹방!

"뭐야? 내 머리에 뭐가 있는데?"

먹이에 따라 급여 횟수가 다릅니다. 곤충이라면 1일 1끼, 냉동 쥐 같은 고열량의 먹이라면 2~3일에 1끼 챙겨 주세요. 먹성이 좋은 도마뱀이라 넓은 그릇에 먹이를 두면 알아서 잘 먹습니다. 귀뚜라미는 직접 사냥할 수 있게 풀어 둡니다.

영양제

비타민 D₃를 챙겨 주세요. 새끼 때는 먹이에 묻혀 주세요. 준성체 이상이 되면 날달걀에 영양제를 타서 먹이면 됩니다.

날달걀

달걀은 깨지 않고 그대로 주세요. 이리저리 굴리면서 턱으로 깨려고 할 거예요. 턱의 힘도 기르고 야생성도 살릴 수 있죠. 단점은! 사육장이 더러워질 수 있어요. 도마뱀이 먹이를 다 먹은 뒤에는 청소해 주세요.

브르는 일주일에 날달걀 2~3번, 닭 가슴살 1~2번, 쥐 2~3번, 나머지는 곤충을 줍니다.

이렇게 주면 성장 속도가 빨라지고, 체격도 탄탄해져요. 비만이 되지 않도록 잘 돌봐 주세요!

🥚 짝짓기와 부화를 시켜요

보통 암컷이 70cm, 수컷이 80cm 되었을 때 짝짓기를 시킵니다. 하지만 한국에서 번식에 성공하는 사람은 드물어요. 사바나 모니터는 땅 깊숙이 들어가서 산란하는데, 이런 환경을 만들어 주기 어렵기 때문이죠.

알은 온도 28℃, 습도 60~70% 정도로 맞춘 인큐베이터에 넣어 부화를 기다립니다.

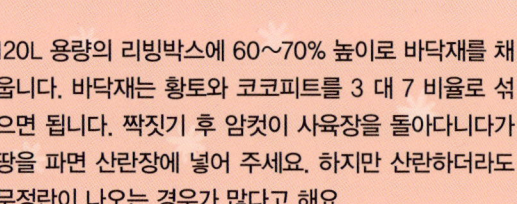

산란장을 만들어 볼까요?

황토

120L 용량의 리빙박스에 60~70% 높이로 바닥재를 채웁니다. 바닥재는 황토와 코코피트를 3 대 7 비율로 섞으면 됩니다. 짝짓기 후 암컷이 사육장을 돌아다니다가 땅을 파면 산란장에 넣어 주세요. 하지만 산란하더라도 무정란이 나오는 경우가 많다고 해요.

정브르와 함께 관찰해요

온욕할 시간이에요

사바나 모니터의 크기에 따라 물통을 준비해 주세요. 미온수를 넣고, 물이 식지 않도록 전기장판을 아래에 깐 다음에 30분~1시간 정도 온욕을 시켜 주세요.

탈피를 도와줘요!

탈피는 스스로 하는 것이 좋아요. 하지만 수분이 부족한 도마뱀이라면 탈피를 도와주기도 합니다. 미온수에서 온욕을 시키면서 솔로 살살 문지르거나 손으로 벗겨 주면 됩니다.

발톱을 깎아 주세요!

사바나 모니터는 발톱이 날카로워요. 파충류 전용 발톱깎이로 깎아 주세요. 손이 다치지 않게 조심하세요!

주의! 입양할 때 알아 두세요!
사이테스 2급이므로 필요한 서류를 다 갖춘 다음에 입양하세요. 입양할 때는 통통하고, 순해 보이는 도마뱀을 데려오세요.

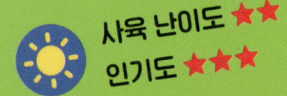

사육 난이도 ★★
인기도 ★★★

혀가 파란색이라서
블루텅 스킨크

나한테 메롱 시키지 마, 그럴 기분 아니야.

학명 Tiliqua scincoides scincoides
영어명 Blue-tongued Skink
다른 이름 푸른혀 도마뱀
수명 약 10~25년
길이 약 50~60cm

블루텅은 '파란 혀'라는 뜻이에요. 블루텅 스킨크는 혀가 파란색이라서 '푸른혀 도마뱀'이라고도 불립니다. 혀가 파란색이라니 독특하지요? 바나나를 엄청 좋아해서 '바나나 도마뱀'이라는 별명도 있답니다.
생긴 것과는 달리 사육 방법도 굉장히 쉽고, 먹성도 좋답니다. 심지어 개 사료도 좋아해 잘 먹습니다. 브리더들이 블루텅 스킨크는 굉장히 순하고, 몸의 비늘이 미끈미끈해서 털이 없는 강아지 같다고도 해요. 땅을 파는 '버로우 성향'이 강하기 때문에 사육장만 잘 만들어 준다면 키우기 쉬운 종이랍니다.

!!!

내 몸은 미끈미끈해!
사람들이 나 보고
털 없는 강아지 같대.

바나나 먹는
나를 본다면
키우게 될걸?

아하! 이런 도마뱀 친구도 있어요!
꼬리가 파란색인 도마뱀도 있어요. 매끈하게
생긴 몸이 매력이지요.

내 이름은 블루테일 스킨크!
꼬리가 파란색이지.

개 사료를
즐겨 먹는다고요?

사육장을 꾸며요

온도 핫존 30~34℃, 쿨존 23~27℃
습도 60~70%

물그릇

몸에 묻은 이물질을 떼려고 하거나 수분을 보충할 때 물에 들어간답니다.

먹이 그릇

먹이는 꼭 그릇에 넣어 주세요. 바닥에 두면 바닥재를 함께 먹을 수 있어요!

바닥재

코코피트와 바크를 섞어요. 습하고 따뜻한 환경을 만들어 주세요. 냄새도 덜 나게 하고 바닥을 푹신하게 만들어 줍니다. 청소할 때는 변이 묻은 부분만 버리면 돼요.

주의! 바닥재를 먹으면 안 돼요!
바닥재를 많이 먹으면 임팩션(장이 막히는 질병)이나 거식증에 걸려 죽을 수 있어요. 식사할 때 바닥재를 먹지 않는지 잘 지켜보세요.

은신처

몸이 다 들어가는 큰 은신처가 필요해요. 안전하다고 믿을 만한 은신처가 있어야 스트레스를 덜 받습니다.

겁을 먹거나 조금만 불안해도 은신처로 후다닥 뛰어가곤 해요. 은신처로 들어가서는 혀를 내밀고 흔들어 위협을 하지요.

🐸 맛난 먹이를 줘요

새끼 때는 턱의 힘이 약해요. 개 사료를 먹일 때는 물에 살짝 불려서 주세요. 바나나도 살짝 으깨서 주면 좋아요. 단백질 보충을 위해 곤충도 꼭 챙겨야 합니다. 성체가 되면 쥐(핑키, 퍼지 크기. 23쪽 참조)까지 거뜬하게 먹어요.

횟수 1일 1~2끼
먹이 곤충, 개 사료, 바나나

난 바나나가 너무 좋아.

물에 불린 개 사료   으깬 바나나

아하! 귀뚜라미를 줘요

귀뚜라미는 날개를 뗀 다음 사육장에 풀어 주세요.

날개를 뗀 귀뚜라미

쩝쩝

만약에 2~4일 정도 여행을 떠나 돌봐 줄 사람이 없다면 개 사료를 많이 주고 가도 됩니다. 물론 돌봐 줄 사람이 있으면 더 좋겠지요!

정브르와 함께 관찰해요

공원으로 산책을 가요!

사육장에 UVB 램프를 켜거나 사육장을 창 아래 두어 일광욕을 시킬 수 있지만 직접 햇빛을 보게 하는 방법이 훨씬 좋아요. 도마뱀이 다치지 않도록 파충류 전용 목줄을 맨 다음 가까운 공원으로 산책을 가 보는 건 어떨까요?

악! 공격이다!

화가 나면 꼬리를 휘두르거나 입을 크게 벌려 공격하려고 해요. 테이밍 할 때는 꼬리 쪽부터 만지면서 배를 손으로 잡아요. 흥분이 가라앉을 때까지 머리를 쓰다듬어 주세요.

감히 날 잡으려는 게야?

암수 구별이 어려워요

생식기가 잘 보이지 않아 암컷과 수컷을 구별하기 어렵습니다. 성별을 확인하려면 생식기를 몸에서 꺼내야 해요. 생식기를 꺼내다가 도마뱀을 다치게 할 수 있어요. 입양할 때 미리 성별을 확인하세요.

흥! 머리를 쓰다듬으면 가만히 있어 주지~.

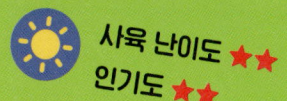

사육 난이도 ★★
인기도 ★★

나는야 채소가 좋아!
유로메스틱스 게리

학명 Uromastyx geyri
영어명 Uromastyx Geyri
수명 약 10년
길이 약 80~100cm

꼬리에 가시 보이니?

유로메스틱스 게리는 채소를 주로 먹는 잡식성 도마뱀이에요. 한 사육장에 여러 마리를 키워도 되고, 곤충을 먹지 않아 냄새가 덜 나요. 사람을 물지 않고, 성장 속도도 느려서 집에서 키우기 좋은 도마뱀이지요.
　20~30cm 크기를 가장 많이 입양하는데, 최대 100cm까지 큰다고 해요. 턱이 강해서 선인장도 잘 씹어 먹는답니다. 보통 암컷보다 수컷이 더 화려해요.

주의! 위험한 채소도 있어요

모든 채소를 먹는 건 아니에요. 시금치, 근대, 양배추는 주면 안 돼요. 옥살산이라는 성분이 칼슘의 흡수를 방해하기 때문이지요.

곤충을 무서워하는 친구들에게 추천해요! 새싹 채소를 아삭아삭 씹어 먹는 유로메스틱스 게리를 보면 당장 입양하고 싶을 거예요.

새끼 때는 크기가 7~9cm 정도입니다. 성체가 되면서 크기가 10배는 커집니다.

🦎 사육장을 꾸며요

크기는 최소 2자(가로 60cm×세로 45cm×높이 45cm)짜리 자동온도조절 사육장이 필요해요. 한 사육장에는 1~2마리씩 키우고, 크기가 비슷한 도마뱀을 합사하는 게 좋습니다. 단, 한 사육장에 수컷을 함께 키우면 안 됩니다.

온도 핫존 40~50℃, 쿨존 28~30℃

UVB 램프

UVB 램프만으로는 부족하기 때문에 날이 좋으면 밖에서 일광욕을 시킵니다.

스팟 램프

고온건조한 환경을 만들어 주는 게 좋습니다. 핫존은 40~50℃까지 올리고, 밤에는 23~30℃까지 낮춰야 해요.

돌

모래뿐만 아니라 유목, 돌 등을 넣어 주세요. 발톱을 쓰고, 위로 올라갈 수 있는 환경을 만들어 주는 게 좋습니다.

신선한 채소가 맞겠지?

큰 먹이 그릇

신선한 채소를 담는 그릇이에요. 한 번에 다 먹을 수 있는 양만 넣어 주세요.

은신처

유로메스틱스 게리는 땅을 깊게 파고들어 가서 잠을 자요. 사육장에서 키울 때는 큰 은신처를 넣어 주세요. 그래야 적응을 잘합니다.

🐛 맛난 먹이를 줘요

유로메스틱스 게리는 턱 힘이 강한 도마뱀이지만 새끼 때는 채소를 잘게 잘라 주세요. 사육장의 온도가 굉장히 높고 건조하기 때문에 채소는 냉장 보관했다가 20분 안에 다 먹을 수 있는 양만 넣어 주세요.

성체가 되면 자연스럽게 곤충을 먹을 거예요. 물론 새끼 때부터 먹기도 합니다. 죽인 곤충을 채소와 함께 주세요. 종합 영양제, 비타민 D_3 칼슘제 등은 먹이 위에 뿌려서 주세요.

주의! 약을 챙겨 줘요
칼슘제는 일주일에 세 번씩, 기생충 약은 6개월에 한 번씩 먹이세요. 먹이 위에 뿌려 주면 된답니다.

횟수 1일 1~2끼
먹이 배추, 상추, 치커리, 애호박, 청경채, 곤충

🔴 짝짓기와 부화를 시켜요

성체가 되면서 암수 구별이 확실해지면 2~3월쯤에 짝짓기를 시켜요. 따로 키우다가 합사해야 교미합니다. 암컷과 수컷이 서로 머리를 흔들며 신호를 주고받아요. 수컷이 암컷 등에 올라가서 목을 물고, 암컷이 꼬리를 들면 짝짓기 준비가 됐다는 뜻이에요. 짧으면 5분, 길면 20분 정도 걸립니다.

짝짓기 후 3개월 정도 지나면 산란하는데, 보통 알을 15개~25개까지 낳아요. 알은 일정한 온도를 유지해 주는 인큐베이터에서 부화시킵니다. 2~3개월 정도 기다리면 부화할 거예요.

온도 32~33℃
습도 40%

정브르와 함께 관찰해요

베이거나 다칠 수 있다고요?

유로메스틱스 게리는 물지 않아요. 하지만 탄력이 좋고 재빠르기 때문에 꼬리 치기에 맞을 수도 있어요. 꼬리 치기에 베이거나 크게 다칠 수 있으니 조심하세요.

탈피할 때 눈을 잘 봐 주세요

탈피하는 동안 눈을 못 뜨는 도마뱀도 있어요. 눈 주위에 이물질이 있진 않은지 확인해 주세요. 원인을 찾지 못하면 가까운 파충류 가게나 병원에 데려가세요.

핸들링 할 때 주의하세요!

핸들링 할 때는 자세를 낮춰요. 바닥에 떨어뜨렸다가 척추가 부러질 수도 있기 때문이에요.

온욕을 좋아해요

한 달에 1~2번 정도는 미온수에서 온욕을 해 주세요. 발바닥 정도만 잠기게 해서 10분 정도 두면 됩니다. 온욕하는 동안 물을 벌컥벌컥 마시는 모습도 볼 수 있어요. 먹이를 잘 안 먹는다면 물에 영양제를 타서 같이 먹게 해 주세요.

> 따뜻하니 소화도 잘되고, 졸리네~.

좋아하는 먹이가 달라요

도마뱀마다 좋아하는 먹이가 달라요. 입양하고 나서 이것저것 먹여 보고 잘 먹는 먹이를 주면 됩니다. 입양할 때 좋아하는 먹이가 비슷한 새끼들로 데려오는 게 좋습니다.

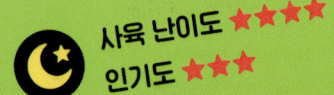

사육 난이도 ★★★★
인기도 ★★★

날 길들이려면 물릴 각오를 해야 될걸?
토케이 게코

흠…. 이 손은 편한 것 같아.

학명 Gekko gecko
영어명 Tokay Gecko
수명 약 10~15년
길이 약 15~40cm

토케이 게코는 인도 북부와 네팔, 방글라데시, 필리핀, 인도네시아 등 아시아에 널리 분포한 게코 도마뱀입니다.

  게코 도마뱀 중에서도 굉장히 빠르고 성격이 사나워요. 위협을 느끼면 입을 크게 벌리고 '토케이!'라고 소리를 지르며 위협합니다. 달려와서 물기도 해요. 한 번 물면 잘 놓지 않으니 조심해야겠지요. 잔 이빨이 많기 때문에 물리지 않도록 조심해야 합니다.

다가오면 물어 버린다?

토케이 게코는 정말 많이 물기 때문에 물리면서 키워야 하는 도마뱀이라고 해요. 몇 번 물어 본 손을 알아보기도 한다네요.

토케이 게코를 처음 봤을 때 너무 사나워서 놀랐어요. 하지만 무늬가 너무 예뻐서 키우고 싶었지요. 테이밍을 잘 시키는 게 중요한 도마뱀이랍니다.

성체가 되면 40cm까지 커지는 멋진 도마뱀이에요!

토케이 게코는 사육해서 번식시킨 개체가 적은 편으로, 야생 개체가 많아요. 입양하려면 꽤 많은 비용이 듭니다.

  국내에 들어온 지 얼마 안 된 개체라면 탈수나 기생충 감염, 구강염 등으로 빠르게 폐사하는 경우가 많아요. 따라서 파충류 가게에서 어느 정도 자란 토케이 게코를 입양하세요. 입양한 후에 테이밍을 잘하는 게 중요합니다.

사육장을 꾸며요

천장이 높은 사육장을 준비해요. 유리 사육장이나 플라스틱 사육장을 사용해요. 토케이 게코는 고온 다습한 환경을 좋아합니다. 환기는 잘되면서 사육장 안의 습도를 80% 이상 유지해야 해요. 분무기로 물을 자주 뿌려 주세요.

성체가 되면 암컷은 최대 48cm, 수컷은 52cm까지 커지는 경우도 있기 때문에 크기에 맞는 사육장으로 바꿔야 합니다. 새끼 때는 작은 사육장에서 키우다가 큰 사육장으로 옮기는 게 좋습니다. 큰 유리 사육장에 여러 마리를 함께 키워도 되지만 따로 사육하는 게 좋습니다.

온도 핫존 28~32℃, 쿨존 27~29℃
습도 80%

어두운 곳이 좋아.

담요

야행성이므로 어두운 공간이 필요해요. 담요를 덮어 어두운 장소를 만드는 방법도 있어요.

물그릇

사육장의 습도를 유지해요. 물그릇의 물을 잘 마시진 않지만 습도 유지를 위해 물을 담아 주세요.

나이트 글로우와 스팟 램프

야행성 도마뱀을 위한 열 램프예요. 바닥에 전기장판을 깔아 사육장의 온도를 유지할 수도 있어요.

코르크 튜브와 유목

평소에는 놀이터가 되고, 탈피할 때 도움을 줘요.

아하! 물을 뿌려요

게코 도마뱀은 고인 물보다 흐르는 물을 먹기 때문에 사육장에 꾸준히 물을 뿌려 주세요. 잘 핥아 먹는지, 탈수 증상이 없는지 확인합시다. 사육장 전체에 배변 활동을 하기 때문에 자주 물티슈로 닦아 주세요.

🦎 맛난 먹이를 줘요

토케이 게코는 자연에서 나무나 벽을 타고 다니며 작은 곤충과 파충류, 개구리 등을 잡아먹는 육식 도마뱀입니다. 입양한다면 곤충 또는 쥐(핑키 크기)를 먹여야 합니다. 물론 도마뱀마다 식욕과 소화 능력이 다르기 때문에 먹이를 2~3일에 한 번 주기도 합니다.

자연에서 자란 도마뱀은 먹이를 잘 안 먹고, 입을 크게 벌려 공격하려고 합니다. 이럴 땐 벌린 입에 귀뚜라미를 던져 보세요! 막상 입에 들어가면 잘 먹습니다. 사육장에 곤충을 풀어 놓으면 알아서 사냥해 먹기도 합니다.

횟수 1일 1~2끼
먹이 곤충, 푸디바이트, 쥐

푸디바이트 쥐

귀뚜라미를 먹일 때는 긴 핀셋을 이용해 눈앞에서 흔듭니다. 새끼 때는 먹이 인지 능력이 떨어지기 때문에 푸디바이트를 줍니다.

먹는 걸까?
먹어 볼까?

정말 정말 밥을 안 먹는 도마뱀은 입을 강제로 벌려 먹이를 줍니다. 이를 포스피딩이라고 해요. 최후의 수단이니 다른 방법을 다 해 보고 도전합시다.

🥚 짝짓기와 부화를 시켜요

암컷의 무게가 80g, 수컷의 무게가 90g 정도가 되면 짝짓기가 가능합니다. 알은 1~2개씩 벽에 낳아요. 알은 시간이 지나면서 커져요. 성인 엄지손톱만큼 커진답니다. 자연 부화가 가능하지만 일정한 온도를 유지하기 힘들다면 인큐베이터로 옮기는 게 좋아요. 벽에서 알을 뗄 때는 알이 깨지지 않게 자 같은 도구로 살살 긁어 뗍니다.

짝짓기 중인 토케이 게코

벽이나 코르크 튜브 안에서 발견할 수 있어요!

내 알을 건들면 가만두지 않을 거야!

인큐베이터의 온도는 24℃, 습도는 약 60~70%를 유지해 주세요. 부화하는 데 2~3개월 정도 걸립니다.

정브르와 함께 관찰해요

탈피할 때 발바닥을 확인해요!

탈피할 때 발바닥을 확인하세요. 발바닥에 껍질이 붙어 있다면 벽에 잘 붙지 못하고 자꾸 미끄러질 거예요. 스트레스를 받고, 거식증으로 이어질 수 있으니 꼭 확인해 주세요.

기생충과 구내염

입을 벌려서 냄새를 맡아 보세요. 냄새가 난다면 구내염일 확률이 커요. 몸에 기생충이 있는지도 확인하세요. 기생충이 있다면 사진처럼 꼬리가 마를 수 있어요. 평소 변에 기생충이 있는지 자주 확인합시다. 입양할 때 구충했는지 물어 보고, 구충제를 갈아서 먹입시다.

올바른 테이밍 방법은?

테이밍 할 때는 안전을 위해 핸들링 장갑을 꼭 착용하세요. 새끼 때부터 하루에 한 번, 5~10분씩 꼭 테이밍을 해 주세요. 밥을 안 먹거나 탈수 증상을 보인다면 테이밍을 미루는 게 좋습니다.

핸들링 장갑

날 매일 만져 주는 게 좋을 거야!

물렸다면 어떻게 해야 할까요?

토케이 게코에게 물릴 것 같다면 더 많은 부위를 물리도록 손을 입 속으로 더 넣는 게 나아요. 좁은 부위를 물리면 상처가 깊게 나기 때문이죠. 물렸을 때는 억지로 떼어 내지 말고, 인내심을 가지고 천천히 떼어 내세요.

토케이 게코, 너는 왜 이렇게 사나운 거야!

정브르가 알려줄게!
카멜레온

초등 과학 교과 연계

초등학교 3학년 1학기 3단원 동물의 한살이

초등학교 3학년 2학기 2단원 동물의 생활

초등학교 5학년 1학기 5단원 다양한 생물과 우리 생활

카멜레온은 어떤 동물일까요?

카멜레온은 피부색을 자유자재로 바꿀 수 있기 때문에 '변신의 귀재' '숨기 대장' 등 여러 별명으로 불립니다. 기분이 좋고 나쁠 때, 짝짓기 상대를 찾을 때, 몸의 열을 지키고자 할 때 피부색을 바꿔요. 끈끈하고 긴 혀로 재빠르게 먹이를 낚아채 '사냥의 명수'라고도 해요.

카멜레온은 주로 아프리카, 마다가스카르에 분포합니다. 숲이나 사막, 초원에서 살지요. 벌레, 거미, 뱀, 새, 꽃, 과일 등을 먹고, 수명은 5~8년입니다. 친구들이 사육장을 잘 꾸미고, 사랑으로 보살펴 키운다면 건강하게 오래 살겠지요?

카멜레온의 한살이

조금만 기다리면 새끼가 나올 거예요.

말랑말랑해진 알을 찢고 나와요.

탈피를 할 때마다 몸이 커져요.

멋진 머리를 뽐내는 성체가 되었어요!

피부
피부에 색을 바꿀 수 있는 세포가 있어서 피부색을 바꿀 수 있어요. 암컷에게 잘 보이거나 숨고 싶을 때 색이 다양하게 바뀐답니다.

꼬리
꼬리 힘이 강해서 꼬리만으로 나뭇가지에 매달릴 수 있어요.

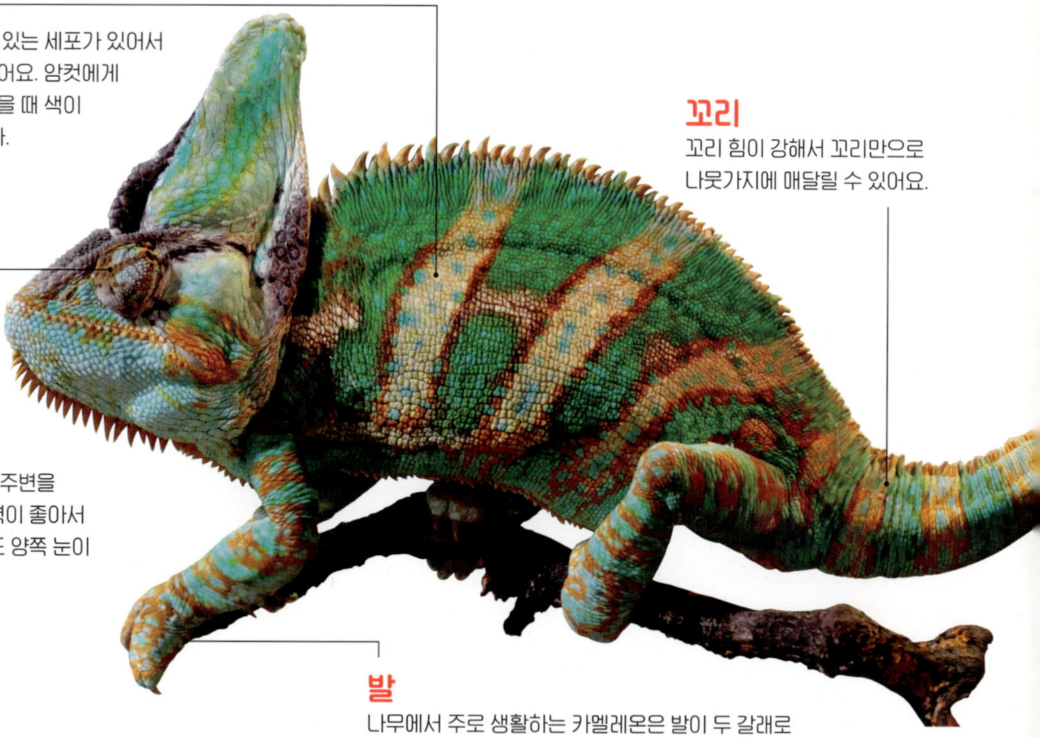

눈
눈은 360°로 움직여 주변을 다 볼 수 있어요. 시력이 좋아서 멀리 볼 수 있지요. 또 양쪽 눈이 따로 움직입니다.

발
나무에서 주로 생활하는 카멜레온은 발이 두 갈래로 나뉘어 있어 나뭇가지를 잘 잡아요. 앞다리에 세 발가락이, 뒷다리에 두 발가락이 있지요.

혀
사냥할 때 혀를 이용해요. 입안에 혀를 말고 있다가 길게 뻗어 먹이를 낚아챕니다. 끈끈한 혀로 30cm 정도 떨어진 먹이도 사냥할 수 있대요. 혀 길이가 몸길이의 2배나 되는 카멜레온도 있어요.

이런 카멜레온 친구도 있어요!

'세뿔달린카멜레온' 이라고도 부르더라고.

내 뿔이 더 멋지지 않아?

뿔이 세 개나 달린 잭슨 카멜레온

멋진 뿔을 뽐내는 보헤미즈 카멜레온

아하! 카멜레온이 '땅 위의 사자'라고요?

'카멜레온'은 고대 그리스어에서 생겨난 단어예요. '카멜'은 '땅 위'이고, '레온'은 '사자'를 뜻해요. '땅 위의 사자'라는 뜻입니다.

성격이 사나워서일까요? 머리가 투구 같아서 일까요? 이 이름이 붙은 이유는 밝혀지지 않았어요. 카멜레온을 키우다 보면 왜 이런 이름이 붙었는지 알 수 있지 않을까요?

카멜레온의 종류를 살펴봐요

> 무늬가 정말 화려하고 다양해요!

보테거리 카멜레온

> 나도 귀여운 뿔을 가지고 있어!

베르코서스 카멜레온

> 나 진짜 나무 같지?

세네갈 카멜레온

> 우리는 암컷이 수컷보다 크다고!

팬서 카멜레온

> 내 화려한 무늬를 따라올 카멜레온은 없을걸?

카펫 카멜레온

> 난 수줍음을 많이 타는 편이야.

캄파니 보석 카멜레온

> 몸에 보석이 박힌 것 같아 이런 이름이 붙었어!

카멜레온을 어떻게 키워야 할까요?

어떤 사육장이 필요할까요?

카멜레온은 주로 낮에 활동하고 나무에서 살아요. 땅을 파고들어 가거나 돌 밑에 숨지 않고, 크기가 큰 나뭇잎 위에서 몸을 숨깁니다. 따라서 사육장 안에 숨을 곳이 많도록 식물을 가득 넣어 줍니다.

핫존과 쿨존의 경계를 확실하게 분리해야 합니다. 흐르는 물만 마시기 때문에 드리퍼(급수기)도 꼭 설치해 주세요.

온도 핫존 30℃, 쿨존 26~29℃
습도 80% 이상

카멜레온은 대부분 비슷한 환경에서 살기 때문에 사육장은 카멜레온의 크기에 따라 선택하면 됩니다. 중요한 건 습도과 환기로, 습도에 더 신경 써야 하는 종이면 유리 사육장을, 환기가 중요한 종이라면 철망 사육장을 준비해요.

카멜레온은 한 영역에서만 사는 성향이 강해요. 한 사육장에는 한 마리만 키우는 걸 추천합니다. 새끼 때는 핸들링을 하지 말고, 사육장에 적응하도록 기다려요. 새끼 때 스트레스를 받으면 쉽게 죽기 때문이지요.

아하! 사육장 크기, 이 정도면 적당해요!

- 새끼: 가로 20cm × 세로 20cm × 높이 30cm
- 준성체: 가로 30cm × 세로 30cm × 높이 45cm
- 성체: 가로 45cm × 세로 45cm × 높이 60cm

1. 유리 사육장

유리 사육장은 습도를 유지하기 좋은 사육장이에요. 하지만 카멜레온의 혀는 끈끈하기 때문에 먹이를 먹으려다가 유리벽에 붙을 수 있어요. 잘 안 떼어지기도 하니 먹이를 먹을 때 지켜봐 주세요.

아하! 카멜레온은 흐르는 물만 먹어요!

카멜레온은 고인 물을 먹지 않고, 흐르는 물만 먹는답니다. 따라서 드리퍼로 물을 조금씩 떨어뜨려요.

백스크린을 설치한 유리 사육장

드리퍼

준비됐나요?

- ☐ 온습도계
- ☐ UVB 램프, 나이트 글로우
- ☐ 신문지, 키친타월, 흙, 코코피트
- ☐ 백스크린(인조 바위벽)
- ☐ 미스팅기(물 분사기)
- ☐ 드리퍼(급수기)
- ☐ 식물, 대나무
- ☐ 정글바인

카멜레온을 잘 키우려면 사육장의 온도와 습도를 잘 맞춰야 해요!

유리벽에 물방울이 맺힐 정도로 물을 뿌려야 해요. 미스팅기로 사육장의 습도를 유지합니다.

아하! 사육장 관리는 이렇게!

❖ 핫존과 쿨존의 경계가 확실해야 돌아다니며 체온을 조절합니다.
❖ 습도가 잘 유지되도록 자주 확인해요.
❖ 바닥에 있는 먹이를 먹을 때 흙이나 코코피트를 먹지 않게 지켜보세요.
❖ 사육장에 적응을 못하면 탈출하려고 합니다. 편안함을 느끼도록 배치를 바꿔 봐요.

램프가 너무 가깝지도 멀지도 않게 장식품의 높이를 조절해야 합니다.

2. 철망 사육장

환기가 중요한 카멜레온의 사육장으로는 철망 사육장을 써요. 환기가 잘되는 만큼 습도 유지에 신경을 써야 합니다.

카멜레온은 나뭇가지에 매달리는 걸 좋아하기 때문에 철망에 발톱이나 발 마디가 다칠 수 있어요. 발을 자주 확인해 주세요.

> 큰 식물을 넣어 사육장을 가득 채울 수도 있지만 작은 식물을 여러 개 넣어도 좋아요!

식물 바구니를 넣어 꾸민 사육장

> 유리 사육장과 사육 용품이 크게 다르지 않아요!

준비됐나요?

- ☐ 온습도계
- ☐ UVB 램프, 나이트 글로우
- ☐ 신문지, 키친타월, 흙, 코코피트
- ☐ 드리퍼
- ☐ 미스팅기
- ☐ 식물, 대나무
- ☐ 정글바인

아하! 사육장 관리는 이렇게!
- ❖ 사육장에 물에 적신 수태를 넣어 주세요. 습도를 유지하는 데 수태가 최고랍니다!
- ❖ 드리퍼의 물이 떨어져 바닥이 흥건해지지 않도록 바닥에 물그릇을 놓아 주세요.

사육장을 어떻게 꾸며야 할까요?

카멜레온은 대부분 낮에 활동하는 주행성 파충류입니다. 따라서 사육장에 UVB 램프를 설치해야 해요. 습도와 환기, 핫존과 쿨존 조성, 몸을 숨길 수 있는 식물 등을 조금만 신경 써서 챙긴다면 여러분도 멋진 사육장을 만들 수 있을 거예요. 어떤 사육 용품이 필요한지 살펴볼게요.

1. 온도 조절 도구

▶ **UVB 램프**

UVB 램프를 설치합니다. 핫존의 온도가 30℃를 유지할 수 있도록 조명과 장식품의 위치를 조절해 주세요. 조명이 너무 멀다면 카멜레온은 식욕이 떨어지고, 몸이 마를 거예요.

카멜레온 사육장은 이렇게 꾸며요! 다양한 카멜레온과 사육장을 살펴봅시다!

2. 바닥재

바닥재는 보통 흙이나 코코피트 또는 신문지나 키친타월을 깔아 줍니다. 습도를 높여야 할 때는 수태를 물에 적셔 깔아 주면 좋아요. 돌아다니며 변을 보기 때문에 사육장을 자주 청소해 주세요.

▶ **코코피트**
습한 곳에서 사는 파충류를 위한 사육장에 가장 많이 쓰는 바닥재입니다.

▶ **수태**
마른 이끼예요. 물에 적셔 바닥에 두면 습도를 높이는 데 도움이 됩니다. 여러 번 사용할 수 있어요.

▶ **키친타월**
습도 조절은 안 되지만 쉽게 갈 수 있어 사육장을 깨끗하게 유지할 수 있어요.

3. 장식품과 도구

▶ **백스크린**
유리 사육장을 사용할 경우, 사육장의 한 면에 설치해요. 나무 타는 느낌을 줍니다.

▶ **유목**
자연 서식지와 비슷한 환경을 만들어 줍니다.

정글바인을 지그재그로 설치해요.

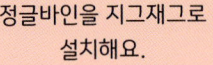

▶ **정글바인**
활동 반경을 넓힙니다.

UVB 램프 아래서도 잘 자라는 식물을 골라요!

▶ **식물**
나무에 사는 카멜레온의 은신처입니다.

▶ **드리퍼(급수기)**
흐르는 물만 먹는 카멜레온을 위한 기구예요. 물이 조금씩 떨어진답니다. 링거 호스로 직접 만들 수 있어요.

▶ **미스팅기(물 분사기)**
높은 습도를 유지하려면 분무기로 물을 뿌리는 것만으로는 부족하기 때문에 미스팅기를 이용합니다.

▶ **온습도계**
보통 디지털 온습도계를 많이 씁니다. 습도가 중요한 만큼 자주 확인해 주세요.

▶ **슬라이딩 도어록**
카멜레온의 탈출을 방지합니다.

▶ **핀셋**
먹이를 주거나 배설물을 치울 때 사용합니다.

▶ **큰 물그릇**
물을 담은 큰 물그릇과 물에 적신 수태로 습도를 유지하기도 합니다.

무엇을 먹을까요?

카멜레온은 하루 대부분을 먹이 잡는 데 보낸답니다. 그만큼 먹이와 먹이 활동은 중요해요. 카멜레온은 귀뚜라미와 밀웜을 먹어요. 채소를 먹어 몸에 필요한 영양분을 채우기도 하지요. 채소를 안 먹는다면 채소를 먹인 귀뚜라미나 밀웜을 주는 방법도 있답니다.

귀뚜라미와 밀웜

핀셋으로 귀뚜라미나 밀웜을 잡아 주거나 식물 위에 먹이를 풀어 두면 됩니다. 하루에 새끼 때는 2~3마리, 성체 때는 10~15마리 정도 주면 됩니다.

먹이를 먹다가 더 먹지 않는다면 사육장에서 빼세요. 움직이는 먹이에 스트레스를 받을 수 있답니다. 스트레스를 받다 보면 거식증에 걸릴 수 있으므로 먹이를 다 먹는지 확인하세요.

역시 귀뚜라미는 맛있어!

와그작! 와그작!

채소

▶ 치커리, 청경채, 케일, 민들레 등

먹이를 줄 때 채소를 같이 주세요. 잘 먹지 않는다면 채소를 먹인 귀뚜라미나 밀웜을 주세요. 채소의 좋은 영양분을 전달할 수 있습니다.

영양제

▶ 비타민 영양제, 비타민 D₃ 칼슘제

먹이에 묻혀 주거나 드리퍼의 물통에 섞어 마시게 하는 방법도 있답니다. 비타민 영양제는 일주일에 한 번, 칼슘제는 두세 번 주세요.

주의! 바닥재를 조심해요

땅에 있는 먹이를 먹을 때 바닥재를 같이 먹는지 지켜봐 주세요! 먹이는 되도록 식물 위에 풀어 놓으세요.

비타민 영양제

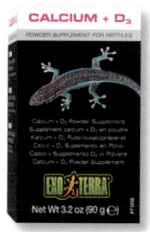

비타민 D₃ 칼슘제

짝짓기와 부화를 살펴봐요

짝짓기는 성체가 된 수컷과 암컷의 몸무게가 최소 70~90g이 되면 시킵니다. 성체가 되기 전에 짝짓기를 한다면 암컷이 죽을 수도 있어요. 물론 짝짓기를 시키기 전에 수컷과 암컷이 건강한지 확인해야 해요.

수컷과 암컷은 따로 키우다가 암컷을 수컷 사육장에 넣어 1~2일간 합사시킵니다. 짝짓기를 했는지 확인하지 못했다면 일주일 뒤에 다시 합사시키세요.

암컷은 짝짓기를 한 다음 약 1~2개월 후에 산란합니다. 성숙한 암컷은 3~6개월 기간을 두고, 1년에 두 번 정도 산란을 합니다. 알은 보통 15개부터 60개까지 낳아요.

산란하기 며칠 전부터는 먹이를 먹지 않아요!

아하! 새끼와 성체 크기 비교

작다고 무시하지 마아아아~!

나 정도는 되어야 성체지!

카멜레온 알 발견!

카멜레온의 알을 발견했어요! 과연 몇 개나 나왔을까요?

알이 나왔다면 알의 3분의 2를 코코피트나 질석에 묻어요. 온도는 24~26℃, 습도는 60~65%로 맞춰 주세요. 부화 기간은 5~7개월 정도로 긴 편이라서 온도를 높여 빨리 부화시키기도 합니다. 높은 온도에서 부화시키면 기간은 짧아지지만 몸이 약해질 수 있습니다. 건강한 새끼들이 나오도록 기다리는 게 좋겠지요?

건강하게 보살펴요

탈피할 때 꼭 알아 두세요!

카멜레온도 도마뱀처럼 탈피 전에 피부가 하얗게 뜨고, 밥을 잘 먹지 않아요. 사육장의 습도를 높게 유지해야 쉽게 탈피합니다. 탈피가 끝나면 크기가 커지는 건 물론 색이 선명해지고, 무늬가 더욱 돋보일 거예요.
 종마다 다르지만 보통 2~3주마다 탈피를 합니다. 탈피 기간 동안은 스트레스를 많이 받는 만큼 조용히 지켜보기로 해요.

기생충이 생겼어요!

야생에서 잡은 곤충을 먹이면 기생충이 생길 확률이 높아요. 웬만하면 파충류 가게에서 파는 먹이를 주세요. 사육장의 온도와 습도, 배치 때문에 스트레스를 받아 거식증에 걸릴 수 있습니다. 사육장 환경이 괜찮은지 꾸준히 확인합니다.

탈피 중인 카멜레온

기생충 탓에 몸이 마른 베르코서스 카멜레온

카멜레온이 아파요!

사육장의 습도가 부족하면 탈수증에 걸릴 수 있어요. 탈수증에 걸리면 무기력해져 잘 움직이지 않거나 탈피할 때 껍질이 군데군데 뜬다거나 스스로 잘 벗지 못합니다.
 눈이 너무 밝다면 몸이 좋지 않을 수 있습니다. 꼬리가 휘진 않았는지, 몸에 상처는 없는지, 발가락은 괜찮은지 몸 곳곳을 확인해 건강하게 키워 주세요.

눈이 건강한 팬서 카멜레온

사육 난이도 ★★★★
인기도 ★★★

카멜레온이 처음이라면?
베일드 카멜레온

학명 Chamaeleo calyptratus
영어명 Veiled Chameleon
다른 이름 가면 카멜레온
수명 암컷 3~5년, 수컷 5~7년
길이 약 35~70cm
사육 온도 핫존 30℃, 쿨존 27~29℃

베일드 카멜레온은 제일 대중적인 카멜레온이에요. 아라비아반도 남쪽에 위치한 예멘과 사우디아라비아 서부의 해안가 근처 산기슭에서 살아가요. 머리가 투구처럼 솟아 있어요. 베일드 카멜레온의 매력 포인트입니다. 수컷과 암컷은 머리와 몸의 크기 차이로 구별해요. 수컷이 훨씬 크답니다.

드리퍼를 붙잡은 베일드 카멜레온

아하! 성장 속도가 빨라요

새끼 때는 성인의 엄지손톱 정도로 크기가 작지만 성장 속도가 빨라서 몇 달 뒤면 팔뚝만 한 크기로 자랍니다.

성체가 되어도 수컷은 50~70cm, 암컷은 20~30cm 정도로 크기가 큰 편이 아니에요. 짝짓기와 부화도 쉬운 편이지요. 하지만 사육 방법이 조금 까다로워서 제대로 알고 키워야 하지요.

머리 위에 솟은 게 꼭 투구 같지?

앗! 먹이다 귀뚜라미를 향해 돌진!!!

귀뚜라미를 보자마자 달려들고 난리가 났네요. 영상에서 확인해 보세요!

107

정브르와 함께 관찰해요

카멜레온은 순해요

카멜레온은 굉장히 온순한 편이에요. 간혹 사육장에 적응하지 못하거나 탈피 등으로 스트레스를 받아요. 스트레스를 받을 때 만지려고 하면 입을 크게 벌리고 위협할 거예요. 하지만 다시 순해진답니다.

알록달록 피부색

카멜레온의 피부색은 컨디션, 습도, 온도에 따라 변해요. 적을 위협할 때는 색이 진하고 화려하게 바뀌어요. 잘 때는 주변 환경의 색에 맞춰 주변과 비슷한 색으로 바뀝니다.

눈을 자주 확인해요!

카멜레온이 눈을 잘 못 뜬다면 일광욕을 시켜 보세요. 눈을 계속 못 뜨면 몸에 이상이 생긴 거예요. 병원에 데려갑시다.

청소할 때 주의하세요!

카멜레온은 성욕이 강해요. 사육장을 청소할 때 암컷과 수컷을 한곳에 두지 마세요.

색이 바뀌고 있는 베르코서스 카멜레온

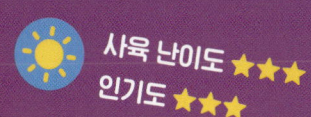

어른들이 더 좋아한대!
팬서 카멜레온

마다가스카르섬에는 열 종류가 넘는 카멜레온이 살고 있어요. 팬서 카멜레온은 마다가스카르섬에서 온 카멜레온 중 가장 색이 예쁩니다. 지역에 따라 다양한 색을 띠는데 빨강, 주황, 초록 등 색 차이가 큰 편이에요. 수컷의 몸이 더 화려할 뿐만 아니라 몸에 흰 줄이 가로로 나 있어 암컷과 구별되지요.

학명 Furcifer pardalis
영어명 Panther Chameleon
다른 이름 표범 카멜레온
수명 암컷 3~5년, 수컷 5~7년
길이 약 40~55cm
사육 온도 핫존 30℃, 쿨존 27~29℃

알록달록 카멜레온 하면 나지!

크기는 55cm까지 커져요. 온순한 편이라서 관상용으로 많이 키웁니다. 색이 예뻐서일까요? 어른들이 더 좋아한답니다. 새끼 때는 충식을 하다가 크면서 채소도 먹습니다.

난 주황색!

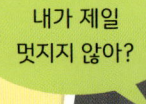
내가 제일 멋지지 않아?

난 흰색~!

브르의 첫 카멜레온도 팬서 카멜레온이었답니다. 저는 파란색 팬서 카멜레온을 좋아해요! 여러분은 어떤 색을 좋아하나요?

아하! 암컷과 수컷 구별하기

뒷다리의 발을 잘 살펴보면 작은 돌기가 있어요. 돌기가 있다면 수컷, 없다면 암컷이랍니다. 성체는 몸이나 머리 크기에서 차이가 난답니다.

암컷의 뒷다리

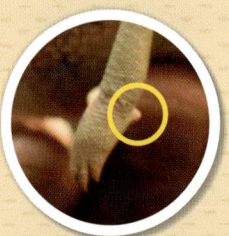
수컷의 뒷다리

난 파란색!

내가 한 덩치 하지!
파슨카멜레온

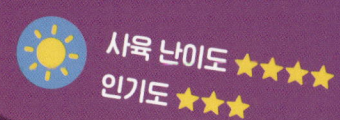
사육 난이도 ★★★★
인기도 ★★★

학명 Calumma parsonii
영어명 Parson's Chameleon
수명 암컷 3~5년, 수컷 5~7년(최대 20년)
길이 약 47~68cm
사육 온도 핫존 30℃, 쿨존 27~29℃

날 키우면 폭풍 성장이 뭔지 알게 될 거야!

마다가스카르섬에서 온 멋진 파슨 카멜레온입니다. 세계에서 가장 큰 덩치를 자랑하지요. 아프리카 모잠비크, 탄자니아, 말라위에서도 찾아볼 수 있어요. 해발 1,500m 지역에서도 발견된답니다.

파슨 카멜레온은 22~25℃ 정도의 저온에서 지내고 다른 카멜레온보다 온도에 매우 민감합니다. 사육장 온도를 잘 유지해야 하는데, 특히 여름철에 온도를 잘 맞추지 않으면 죽을 수도 있어요. 보통 사육장을 시원하게 만드는 쿨러(냉각기)를 사용합니다.

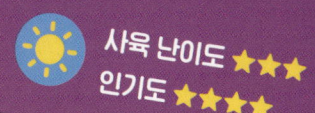

사육 난이도 ★★★
인기도 ★★★★

작고 귀여운 카멜레온을 찾는다면?
피그미 카멜레온

학명 Brookesia therezieni
영어명 Perinet Leaf Chameleon
수명 약 3~4년
길이 약 2.5~6cm
사육 온도 핫존 26~30℃, 쿨존 22~24℃

> 크기가 작아서 한 사육장에 여러 마리를 키워도 괜찮아요!

피그미 카멜레온은 아마존 정글에서 살아가는 피그미 부족처럼 크기가 작다 해서 붙은 이름이에요. 진짜 카멜레온인지 의문이 들 정도로 크기가 작답니다!

마다가스카르섬의 해발 900~1,500m 지역에서 발견됩니다. 고도가 높은 곳에 살아 저온에서도 잘사는 카멜레온이지요. UVB 램프나 스팟 램프가 필요 없어 사육할 때 부담도 적답니다. 크기가 큰 카멜레온을 키우기 부담스러운 친구들에게 추천합니다.

다른 카멜레온과는 다르게 피부색이 잘 변하지 않아요. 주로 검은색, 회색, 갈색으로 바뀌어요.

예민하기 때문에 자주 만지지 말아요.

피그미 카멜레온은 햇빛이 거의 없는 습한 지역에 살아요. 빛에 민감하기 때문에 UVB 램프를 사용하지 말고 칼슘제를 주세요. 온도와 습도를 잘 유지하는 게 중요해요!

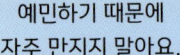

피그미 카멜레온의 보금자리는 어떻게 꾸밀까요?

피그미 카멜레온 사육장을 살펴봅시다!

잎사귀가 넓고, 숨을공간이 많은 살아있는 식물을 넣어주야해요!

아하! 작은 피그미 카멜레온

- 암컷과 수컷 모두 크기가 비슷해요. 합사 사육을 하기 때문에 짝짓기를 크게 신경 쓰지 않아도 됩니다.
- 피그미 카멜레온의 알은 2~3개월이면 부화해요!
- 작지만 나름 크기가 큰 먹이도 먹는 대식가예요.

새끼의 크기가 정말 작아요!

3장

정브르가 알려줄게!

뱀

초등 과학 교과 연계

초등학교 3학년 1학기 3단원 동물의 한살이
초등학교 3학년 2학기 2단원 동물의 생활
초등학교 5학년 1학기 5단원 다양한 생물과 우리 생활

뱀은 어떤 동물일까요?

뱀은 다리가 없고 몸과 꼬리가 비늘로 덮여 있어요. 전 세계의 사막, 초원, 물가, 삼림 등 다양한 환경에서 살고 있습니다. 대부분 땅에 살지만 물이나 나무에서 살기도 해요. 물론 겨울에는 땅속에 들어가 겨울을 나지요. 뱀은 육식성으로 쥐같이 작은 동물이나 새알을 먹어요. 뱀을 먹는 뱀도 있답니다!

아하! 다리가 있는 뱀도 있어요?

다리가 있는 장지뱀은 이름 때문에 뱀 같지만 도마뱀이랍니다. 한국 특산종이에요. 장지뱀, 아무르장지뱀, 줄장지뱀, 표범장지뱀 이렇게 4종이 있답니다. 산에서도 종종 볼 수 있다고 해요!

뱀의 한살이

알을 깨고 나왔어요!

동물을 먹으며 건강하게 자라요.

나무나 돌에 몸을 비벼 탈피해요.

2~3년이면 멋진 성체가 되지요.

프스스~

눈
눈꺼풀이 없는 대신 막이 덮여 있어요.
시력이 좋지 않지만 후각이 뛰어나요.

몸통
비늘로 덮여 있어요. 가늘고 길어요.
S자를 그리며 움직여요. 보아뱀은 직선으로 움직여요.

꼬리
긴 몸의 3분의 1 정도가 꼬리랍니다.

입
자신의 얼굴보다 더 큰 동물을 삼킬 수 있어요. 입을 위아래로 크게 벌려 먹이를 먹어요. 먹는 데만 한 시간이 넘게 걸린대요.

갈비뼈
사람은 갈비뼈가 24개이지만 뱀의 갈비뼈는 많게는 400개가 넘어요! 그래서 자유자재로 움직일 수 있어요.

아하! 암컷과 수컷 구별하기
수컷의 반음경(생식기)은 몸 안쪽에 있기 때문에 눈으로 봐서 구별할 수 없어요. 반음경을 꺼내다가 뱀을 다치게 할 수 있으니 전문가에게 성별을 문의하는 게 좋습니다.

혀
혀끝으로 냄새를 맡아요.
혀끝이 두 갈래로 갈라져 있지요.
물론 코도 냄새를 맡을 수 있어요.

117

뱀의 종류를 살펴봐요

뱀은 종류가 다양해요. 크게 비단구렁이과, 왕뱀과, 줄비늘뱀과, 뱀과 등으로 나눌 수 있어요. 그중에서도 유명한 뱀으로 코브라, 아나콘다, 방울뱀, 파이톤, 킹스네이크 등이 있어요. 어떤 신기한 뱀이 있는지 살펴볼까요?

세계에서 가장 긴 독사
킹코브라

몸길이가 5m 이상 자라는 독사예요. 적을 위협할 때 목 피부를 옆으로 넓게 펼치지요.

무시무시한 크기!
아나콘다

감히 누가 날 불렀어?

세계에서 가장 큰 뱀이에요. 독은 없지만 길이와 무게가 만만치 않지요. 몸길이가 보통 6m 안팎까지 자라고, 몸무게도 100kg이 넘는대요. 먹이가 숨을 쉬지 못하도록 몸으로 꽉 조여서 통째로 삼켜요.

독을 가진
바다뱀

태평양, 인도양의 따뜻한 바다에서 물고기를 먹으며 살아요. 수심 250m 아래에서 발견된 적도 있어요.

아하! 혀가 안 보이는데요?

뱀의 입 안에는 혀 주머니가 있어 입을 벌릴 때 혀가 안 보이기도 해요. 신기하지요?

혀 주머니

얼굴이 귀여운
동부 돼지코뱀

난 죽은 척 진짜 잘해!

동부 돼지코뱀은 적을 위협할 때 소리를 지르다가 적이 다가오면 죽은 체한대요. 입을 크게 벌리고 몸을 뒤집는데, 이 방법이 항상 통하진 않는다고 해요.

하늘을 나는
날뱀

'크리코펠리아 파라디시'라고도 불러요. 나무 위에 살아서 나무 사이를 날아다니는 재주가 있어요. 다른 나무로 몸을 던져 날아가지요.

짤랑짤랑 소리가 나는
방울뱀

방울뱀의 꼬리 끝에 여러 각질 마디가 연결되어 있어요. 이 마디 안은 속이 비어 있어요. 꼬리를 세워 흔들면 마디끼리 부딪혀 소리가 납니다. 그게 방울 소리처럼 들려 방울뱀이 되었어요. 20m 떨어진 곳에 서도 들린대요!

❓ 뱀은 왜 몸을 둥글둥글 말까요?

뱀이 몸을 동그랗게 감는 걸 '똬리 튼다'고 해요. 몸을 길게 늘어뜨리면 적의 눈에 쉽게 띄기 때문에 숨는 거랍니다. 똬리를 틀고 맨 위에 머리를 두어 위험할 땐 바로 적을 물 수도 있지요.

뱀을 어떻게 키워야 할까요?

어떤 사육장이 필요할까요?

뱀은 전 세계의 다양한 지역에서 자라요. 산에 가면 만날 수 있지요. 집에서 키우고 싶다면 온도와 습도를 잘 맞춰야 해요. 은신처도 만들고, 먹이를 잘 챙겨야 하며 배변 활동도 자주 확인해야 합니다. 뱀을 어디서, 어떻게 키워야 할지 차근차근 알아보아요!

1. 자동온도조절 사육장

온도가 자동으로 조절되는 '언더베드 렉 사육장'을 많이 씁니다. 온도 유지가 쉬워서 편하지만 밖에서 뱀이 잘 보이지 않는다는 단점이 있지요. '포맥스 사육장'은 온도가 자동으로 조절되고 뱀도 잘 보여요.

언더베드 렉 사육장

2. 낮고 넓은 채집통

네 면이 모두 투명한 채집통이에요. 뱀은 서늘하고 통풍이 잘되는 곳에서 키워야 합니다. 따라서 채집통의 뚜껑에는 작은 구멍이 여러 개 뚫려 있지요. 채집통의 크기는 뱀 길이에 맞는 통으로 준비하면 됩니다. 온도를 조절하려면 전기장판이 필요해요.

준비됐나요?

- ☐ 아스펜 베딩, 바크
- ☐ 전기장판
- ☐ 은신처
- ☐ 막대, 나무
- ☐ 물그릇

온도 핫존 30~32℃, 쿨존 24~27℃
습도 50~60%

❖ 사육장 온도가 10℃ 아래로 떨어지면 소화 불량에 걸리니 온도를 자주 확인하세요.

뚜껑이 열려 있군. 탈출하라는 뜻인가?

아하! 사육장 관리는 이렇게!

❖ 물을 많이 마시기 때문에 그릇에 물이 충분한지 자주 확인합시다!
❖ 사육장의 뚜껑 위에 비닐을 한 번 덮어 탈출을 방지해요!
❖ 운동할 수 있도록 막대 같은 기어오를 수 있는 장식품을 넣어요.

러프 그린 스네이크, 그린트리 파이톤처럼 나무에서 사는 교목형 뱀을 키운다면 천장이 높은 유리 사육장을 준비하세요.

인공 식물과 나무를 넣어 자연 서식지와 비슷하게 꾸몄습니다.

교목형 뱀을 위한 사육장을 살펴봐요!

121

사육장을 어떻게 꾸며야 할까요?

뱀은 다른 파충류보다 키우기 쉬운 편이에요. 사육장의 습도는 낮게, 온도는 일정하게 유지하고 물을 자주 갈아 주면 됩니다. 뱀을 위한 아늑한 사육장, 만들어 볼까요?

1. 온도 조절 도구

▶ UVB 램프

뱀에게 UVB 램프가 꼭 필요한 건 아니에요. 하지만 UVB 램프를 켜 놓으면 뱀의 몸에 서식하는 균을 죽이고, 비늘을 부드럽게 만듭니다. 물론 비타민 D_3를 합성하는 걸 도와요. 대사 작용에도 좋답니다.

▶ 전기장판

채집통을 사육장으로 쓸 때 필요합니다. 전기장판이나 담요로 사육장을 덮어 온도를 유지하지요. 가을부터 4월까지, 날이 따뜻해지기 전까지 사용합니다.

> 정브르와 함께 뱀 사육장을 만들어 볼까요? 초간단 사육장 세팅! 보시죠.

2. 바닥재

사육장을 서늘하게 유지해야 해요. 습기를 잡는 바닥재를 깔아 줍니다.

▶ 아스펜 베딩

햄스터나 토끼를 키울 때 사용하는 바닥재예요. 구하기 쉽고, 가격도 저렴해 많이 씁니다. 하지만 습도가 높아지면 곰팡이가 쉽게 생기니 습도 조절에 신경 써야 합니다. 탈피할 때도 도움이 됩니다.

뱀의 사육장을 꾸며 봅시다!

▶ 신문지, 키친타월

습기를 잘 흡수하는 종이도 많이 써요. 젖거나 더러워지면 쉽게 갈 수 있어 편리합니다. 냄새도 쉽게 빼고, 사육장을 깨끗하게 유지할 수 있어요.

▶ 모래

사막에 살거나 모래를 파고드는 습성이 있는 뱀이라면 바닥에 모래를 깔아야 합니다. 모래가 물에 젖었다면 바로 빼는 게 좋아요. 모래가 뱀의 몸에 쉽게 달라붙기 때문이죠.

3. 장식품과 도구

▶ 물그릇

뱀은 물을 많이 마셔요. 물에 몸도 자주 적시지요. 몸에 붙은 기생충을 떨어내려고 물에 몸을 불립니다. 물그릇에 들어가서 배변을 볼 수 있으니 물그릇을 자주 확인하세요. 지름이 15~25cm 정도 되는 물그릇을 쓰면 적당해요. 물은 하루에 한 번씩 갈아 주세요.

▶ 막대

뱀은 물건을 감거나 기어오르는 걸 좋아해요. 뱀이 올라탈 수 있는 둥근 막대 같은 장식품이 있으면 좋아요. 교목형 뱀에게 나무와 인공 식물을 넣어 주면 활동 반경이 넓어져요.

▶ 긴 핀셋

먹이는 긴 핀셋으로 집어 주세요. 짧은 핀셋으로 주면 손을 큰 먹이로 착각해 도망갈 수 있어요.

물그릇 위에서 움직이는 킹스네이크

무엇을 먹을까요?

뱀을 새로 데려왔다면 일단 사육장에 적응할 시간을 주세요. 일주일 동안 물만 주세요. 적응하기 전까지 스트레스를 받아 먹이를 안 먹기도 한답니다. 어느 정도 시간이 지나면 조용한 밤에 슬쩍 먹이를 넣어 둬요. 다음 날 아침, 먹이가 없어졌다면 2~4일 뒤에 변을 볼 거예요.

먹이는 뱀의 머리 크기와 비슷하거나 조금 더 큰 먹이를 주면 됩니다. 먹이를 주고 2~3일 정도는 핸들링 하지 않는 걸 추천해요. 먹고 나서 핸들링을 하면 토 할 수 있기 때문이죠. 냉동 먹이를 줄 때는 한 시간 전에 꺼내 녹이거나 미지근한 물에 10~20분 넣어 녹여 주세요. 뱀은 먹는 만큼 크기 때문에 일주일에 2~3끼를 먹이는 브리더도 있어요.

몸길이가 3~5cm 정도 되는 냉동 쥐를 '하퍼'라고 불러요. 뱀 크기에 맞는 쥐를 줘야 합니다. (140쪽 참조)

횟수 1주 1~2끼, 겨울 1달 1끼
먹이 냉동 쥐, 냉동 병아리

사육장이 낯선 콘스네이크

난 먹이를 천천히 삼켜.

냠냠

영양제도 챙겨야 할까요?

뱀의 소화를 돕기 위해 유산균이 풍부한 '뉴트리박'이나 멀티 비타민을 묻혀 먹이기도 합니다.

아하! 언제 먹이를 먹었는지 기록해 놓아요!

잘 길들인 뱀도 규칙적으로 식사하지 않아요. 평소에 먹이를 잘 먹더라도 한 달 넘게 안 먹는 때도 있지요. 먹이를 언제 먹었는지 매번 적어 둡시다.

냉동 먹이는 2개월 안에 먹을 양만 주문해요!

냉동 먹이라도 냉동실에 오래 두면 수분이 날아가요. 한 번에 너무 많은 양을 주문하지 말고, 2개월 안에 먹을 수 있는 양만 주문해서 보관합니다.

> 리본 스네이크는 개구리, 물고기, 미꾸라지를 먹어요. 물고기를 낚아채 먹는 장면, 함께 볼까요?

리본 스네이크의 물고기 먹방!

짝짓기와 부화를 살펴봐요

뱀은 종류에 따라 짝짓기가 가능한 시기가 다릅니다. 콘스네이크와 킹스네이크는 보통 2~3년 이상 키우면 성체가 되는데, 무게가 150~200g은 넘어야 짝짓기를 할 수 있습니다.

볼파이톤은 무게가 무려 400~600g 이상 되어야 하지요. 보통 2~10년 된 성체끼리 짝짓기를 시킵니다. 10년 이상 된 뱀은 짝짓기를 시키지 않는 게 좋답니다.

콘스네이크의 짝짓기

짝짓기는 겨울인 12~2월에 시키고, 3일 정도 함께 둡니다. 짝짓기 할 준비가 된 수컷이 꼬리를 흔들면서 암컷에게 다가가요. 꼬리부터 몸, 머리까지 등을 타고 비비다가 서로 몸을 감아요. 그러다가 수컷이 꼬리로 암컷의 꼬리를 들어 올려 짝짓기를 합니다.

보통 2~3개월 후에 산란해요. 산란장은 최대한 크게 만들어 주세요. 알은 5~30개 정도 낳고 부화는 2개월 정도 걸린답니다.

내가 암컷!

짝짓기 중인 볼파이톤

알을 감싸고 있는 볼파이톤

볼파이톤의 알 크기는 어른 손가락 2개랑 비슷해요!

알은 에그트레이로 옮기는데, 이때 바닥재로 질석과 코코피트를 깔아 줍니다. 습도는 60~70%(볼파이톤은 40%), 온도 28℃를 유지합니다. 이때 알은 물에 젖지 않도록 조심하세요. 썩을 수 있습니다. 숨구멍을 표시해 두고 숨구멍이 하늘을 바라보게 두세요. 알을 만지거나 돌리지 말아요.

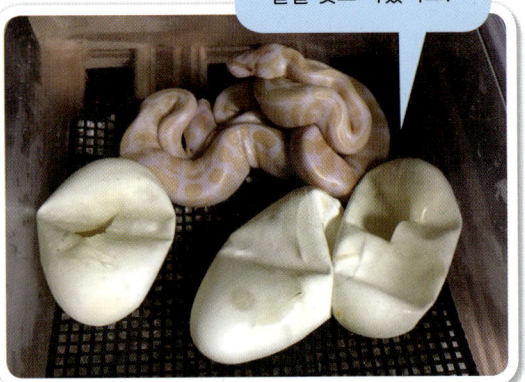

알을 찢고 나왔어요!

부화한 볼파이톤

아하! 신기한 아나콘다

아나콘다는 보아뱀의 한 종류예요. 알이 아닌 새끼를 낳지요. 물속에서 새끼를 낳는데, 임신 기간이 7개월이나 된대요. 물속에서 태어난 새끼는 여느 파충류처럼 알아서 헤엄도 치고, 먹이도 구한답니다.

건강하게 보살펴요

탈피할 때 꼭 알아 두세요!

뱀은 탈피할 때가 되면 '블루 현상'이 나타납니다. 눈이 하얗게 되거나 파랗게 변하는 걸 말하지요. 탈피 기간이 가까워졌다는 신호입니다. 탈피할 때는 15일 정도 먹이를 먹지 않아요. 탈피하는 동안 피부 일부분만 벗겨진다면 온욕을 시켜 주세요. 온욕하면서 몸을 가볍게 문질러 주세요. 탈피가 잘 이루어지지 않으면 식욕을 잃기도 합니다. 성체가 되면 1년에 2~3번 정도 탈피해요.

건강한 뱀의 눈

기생충에 감염된 건가요?

뱀의 몸 곳곳에 옴벌레 같은 기생충이 기생해요. 비늘과 비늘 사이, 눈 주변 등 몸 곳곳을 확인하세요. 기생충에 감염되면 움직임이 느려지거나 먹이를 잘 안 먹고 변 냄새가 심해져요. 기생충이 있는지 몸을 살펴봅시다.

뱀이 자꾸 코를 몸에 비벼요!

뱀이 자기 몸에 코를 대고 비빌 때가 있어요. 다행히 아파서 그런 게 아니랍니다. 몸에 광을 내는 거예요. 짝짓기할 때나 자신의 영역을 표시할 때 하는 행동입니다.

나도 내 몸을 가꿀 줄 안다고~.

볼파이톤 몸에 기생충이 붙어 있어요. 뱀의 몸에 붙은 기생충은 어떻게 제거할까요?

미션! 볼파이톤 몸에 붙은 기생충 제거하기

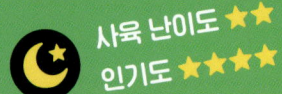

사육 난이도 ★★
인기도 ★★★★

귀여운 뱀을 찾는다면?
콘스네이크

학명 Elaphe guttata
영어명 Cornsnake
다른 이름 옥수수뱀
수명 약 10~20년
길이 약 1~1.8m

미국 농장에서 많이 발견되어 '옥수수뱀'이라고 불려요. 건조한 산림지대, 늪지대 등 다양한 서식지에 살지요. 콘스네이크는 색이 굉장히 다양해요.
낯선 환경에도 적응을 잘하고 온순해서 사람들이 많이 키웁니다. 새끼는 25~30cm 정도부터 크기 시작해요. 성체가 되면 보통 1.2m까지 커집니다.

콘스네이크를 처음 데려왔을 때가 기억나요. 콘스네이크 새끼가 제 새끼손가락을 물고 있었는데, 아프지 않아서 물렸는지도 몰랐답니다.

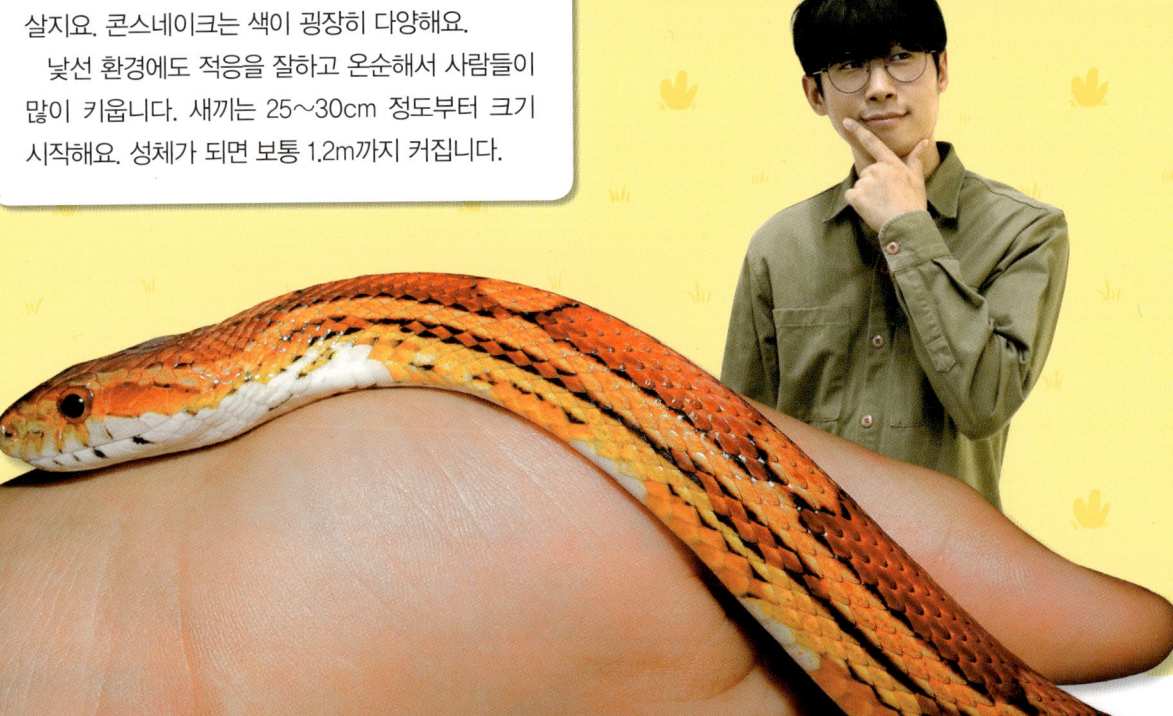

| 스케일리스 | 스노우 | 하이포 | 라벤더 | 코랄 고스트 |

콘스네이크의 모프(13쪽 참조) 종류가 많아지고 있어요. 비늘이 없는 스케일리스 모프도 있고, 붉은색을 띠는 레드 모프, 하이포 모프, 은은한 회색 또는 연보라색을 띠는 라벤더 모프 등 무늬와 색깔이 다양해지고 있답니다. 가장 인기 있는 건 스노우 모프예요. 친구들은 어떤 모프가 마음에 드나요?

아하! 모프를 구분해 봐요

❖ 등에 둥근 점이 있다면 모틀리!
❖ 무늬가 쭉 이어져 있다면 스트라이프!
❖ 몸이 하얗거나 붉은색, 노란색이면 알비노!
❖ 흰 몸에 점이 있다면 팔메토!

두 가지 특징을 모두 가진 알비노 스트라이프

예쁜 만큼 가격이 비싼 뱀이에요!

눈처럼 하얀 팔메토 콘스네이크

세상 귀여운 콘스네이크 만나러 가요!

내 손 안에 쏙! 들어오는 알록달록한 콘스네이크의 매력에 빠져 볼까요?

🐍 사육장을 꾸며요

> 온도 핫존 28~30℃, 쿨존 24~27℃
> 습도 50~60%

콘스네이크의 사육장은 쉽게 꾸밀 수 있답니다. 넓은 곳을 돌아다니는 뱀이 아니기 때문에 적당한 크기의 사육장에 넣어 주면 됩니다. 바닥재, 은신처, 물그릇만 있으면 된답니다. 사육장 관리도 쉬운 편이에요. 온도와 습도만 잘 맞춰 주면 건강하게 자랄 거예요.

낮고 넓은 통에 은신처를 넣어 주세요. 아늑한 쉼터가 됩니다.

물그릇에 담긴 물이 사육장의 습도를 유지하는 데 도움이 됩니다. 몸에 기생하는 기생충을 빼내려고 스스로 물에 들어가 몸을 불리기도 해요.

🐍 맛난 먹이를 줘요

> 횟수 1주 1~2끼
> 먹이 쥐

먹이는 뱀의 머리 크기와 비슷하거나 조금 큰 쥐를 주세요. 뱀은 먹는 만큼 크기 때문에 큰 뱀을 키우고 싶다면 먹이 횟수나 양을 늘리면 됩니다. 영양제는 꼭 챙기지 않아도 되지만 소화를 돕는 뉴트리박을 주기도 합니다.

냉동 쥐는 녹인 다음에 줘야 해요. 한 시간 전에 냉동실에서 꺼내 상온에 두거나 20분 전에 따뜻한 물에 넣어 녹이는 방법이 있어요. 기억하세요! 먹이를 줄 땐 긴 핀셋으로 줍시다.

주의! 토할 수 있어요!
먹이를 먹이고 나서 2~3일 동안은 핸들링 하지 않아요. 토할 수 있기 때문이지요. 뱀도 소화할 시간이 필요하답니다.

> 먹이로 쥐를 줘야 해서 뱀을 키울지 말지 고민하는 친구들을 많이 봤어요.

🥚 짝짓기와 부화를 시켜요

수컷과 암컷 모두 태어난 지 2~3년은 되어야 짝짓기를 할 수 있답니다. 길이는 최소 1.5m, 무게는 수컷 150g, 암컷 200g이 되어야 하지요. 합사하기 3일 전부터는 먹이를 주지 말아요. 합사는 3일 정도 시키면 됩니다.

수컷이 꼬리를 흔들며 암컷에게 다가가면 짝짓기를 하자는 신호예요. 암컷이 이를 받아들이면 꼬리부터 등을 타고 머리까지 올라가요. 서로 몸을 비비고 감지요.

온도 28°C
습도 60~70%

짝짓기 중이니 모두 조용히 합시다!

뱀은 한 번에 5~30개의 알을 낳아요. 질석과 코코피트를 깐 산란장을 사육장에 넣어 주세요. 알을 많이 낳을 수 있으니 산란장은 여유 있게 큰 걸로 준비하세요. 알을 따로 에그트레이로 옮겨 부화를 기다려도 됩니다. 2개월 정도 기다리면 부화합니다. 온도와 습도만 잘 맞는다면 건강한 새끼가 나올 거예요.

주의! 건강한 새끼를 만나려면?
❖ 알이 물에 젖지 않게 조심하세요.
❖ 숨구멍을 잘 표시해 두세요.
❖ 알을 만지거나 돌리지 말아요!

정브르와 함께 관찰해요

건강한 뱀을 입양하려면?

태어난 뒤 먹이를 두 번 이상 먹어 본 뱀을 데려오는 게 좋아요. 통통하고 먹이를 잘 먹는 뱀이 건강한 뱀이랍니다. 물론 기생충에 감염되지 않았는지, 눈에 이상은 없는지 확인하고 데려와야겠죠?

밥을 안 먹은 지 너무 오래됐다면?

뱀은 스트레스를 받거나 사육장에 적응하는 동안 먹이를 먹지 않아요. 한 달 정도는 안 먹을 수 있지만 그 이상 안 먹는다면 '컵피딩'을 합니다. 뱀 크기에 맞는 컵에 뱀과 먹이를 함께 넣어 두는 방법이지요. 하루가 지나도 먹이를 먹지 않으면 새 먹이로 바꿔야 해요.

난 너무 건강하대.

전기장판이 꼭 필요할까요?

사육장으로 채집통을 쓰고 있다면 사육장의 온도를 유지하기 위해 전기장판을 깔기도 해요. 보통 가을부터 날이 따뜻해지는 4월까지 쓴답니다.

탈피할 때 도와주는 방법!

큰 물그릇에 깨끗한 물을 채워 주세요. 물에 들어가 껍질을 불리기도 해요. 유목이나 작은 돌을 넣는 것도 탈피할 때 큰 도움이 된답니다.

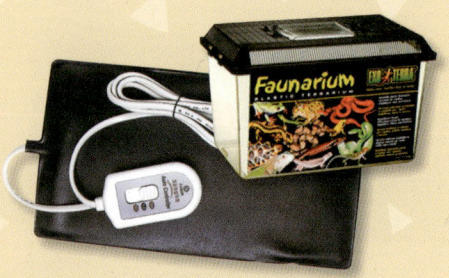

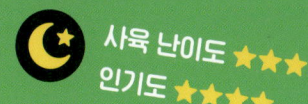

사육 난이도 ★★★
인기도 ★★★★

뱀을 잡아먹는 뱀? 바로 나야
킹스네이크

학명 Lampropeltis getula
영어명 Common Kingsnake
다른 이름 왕뱀
수명 약 10~20년
길이 약 0.9~2m
사육 온도 핫존 28~30℃, 쿨존 24~27℃

킹스네이크도 콘스네이크처럼 북아메리카의 사막, 늪, 저지대 등 다양한 환경에 서식합니다. 길이가 최대 2m까지 크는 킹스네이크도 있다고 해요. 엄청나지요? 몸이 독에 강하기 때문에 방울뱀 같은 독사도 먹을 수 있대요.

프스스

킹스네이크는 콘스네이크보다 크고 굵으며 조금 더 사나워요. 다른 뱀을 잡아먹는 뱀으로 유명하지요. 힘센 몸으로 먹이를 감아 조여요. 무시무시하지요? 혹시 여러 종류의 뱀을 키우고 있다면 사육장을 청소할 때 조심해야 해요. 킹스네이크와 콘스네이크를 잠깐이라도 함께 두었다가는 콘스네이크가 사라질지도 모르니까요!

주의! 독사도 키울 수 있어요?

아닙니다! 절대 키우면 안 됩니다. 사육과 채집 모두 불법이랍니다. 몰래 키우다 물리기라도 하면 손가락을 잘라야 할지도 몰라요.

내 색깔 어때?

블랙 킹스네이크

내 줄무늬 좀 봐! 멋지지?

캘리포니아 킹스네이크

물을 꿀꺽꿀꺽! 물에서 첨벙첨벙! 귀여운 뱀을 보러 가요!

바로 여기가 뱀 목욕탕?!

아하!

큰 알을 먹어도 괜찮아요?

뱀은 알을 먹고 하루쯤 지나면 알껍데기를 뱉어요. 소화를 못하기 때문이지요. 걱정할 필요는 없어요. 털이나 깃털 등을 제외하고 3일이면 완벽하게 소화할 수 있어요.

134

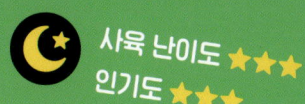

사육 난이도 ★★★
인기도 ★★★

내 매력에 넘어오고 말걸?
밀크스네이크

학명 Lampropeltis triangulum
영어명 Milksnake
다른 이름 우유뱀
수명 약 10~20년
길이 약 0.5~2m
사육 온도 핫존 28~30℃, 쿨존 24~27℃

밀크스네이크는 '뱀계의 토케이 게코'라고 할 수 있어요. 굉장히 예민하고, 사나운 뱀이죠. 무늬가 독사인 산호뱀과 비슷해. 다른 뱀이 밀크스네이크를 보고 산호뱀인 줄 알고 도망간다고 해요. 길이가 최대 2m까지 자랍니다. 화려한 무늬에 반해 키우는 사람이 많이 있어요. 또, 식욕이 왕성하고 워낙 건강한 뱀이라 사람들에게 인기가 많아요.

135

모프가 이렇게나 다양해요!

밀크스네이크 새끼는 귀뚜라미와 지렁이를 먹다가 성체가 되면 도마뱀과 쥐를 먹어요. 새끼 때부터 핑키 크기의 쥐를 줘도 큰 무리는 없답니다. 워낙 예민하므로 먹이는 직접 주지 말고, 사육장에 넣어 두는 것이 좋아요. 주변이 조용해지고 방해꾼이 없어지면 스스로 찾아 먹습니다.

혼두란 밀크스네이크

알비노 혼두란 밀크스네이크

푸에블란 밀크스네이크

푸에블란 할로윈 밀크스네이크

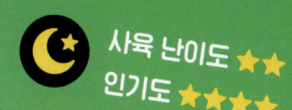

사육 난이도 ★★
인기도 ★★★★

나, 보기보다 소심해
볼파이톤

학명 Python regius
영어명 Royal Python, Ball Python
다른 이름 로열 비단뱀, 볼파이손
수명 약 10~20년
길이 약 1~1.8m
사육 온도 핫존 28~34℃, 쿨존 24~27℃

사이테스 2급

볼파이톤은 서아프리카에서 중앙아프리카까지 넓은 곳에 분포한 비단구렁이과 뱀이에요. 비단구렁이과 중에서 작은 크기이고, 다양한 색을 띠며, 독이 없어 브리더에게 굉장히 인기가 많은 뱀이에요. 볼파이톤은 위협을 느끼면 몸을 공처럼 동그랗게 말아요. 그래서 '볼파이톤'(Ball Python)이라는 이름이 붙었답니다.

사육장을 꾸며요

볼파이톤은 서로 공격하거나 잡아먹는 일이 없어서 여러 마리를 함께 키울 수 있어요. 하지만 스트레스를 받는 뱀도 있으니 한 마리씩 키우는 걸 추천해요.

볼파이톤은 1년 내내 온도가 높은 아프리카에서 살기 때문에 사육장 온도를 높게 유지해야 해요. 온도가 떨어지면 거식증이나 탈피 부전에 걸려 건강이 나빠져요. 온도만큼 중요한 건 먹이예요. 새끼 때 살아 있는 먹이를 먹었는지, 냉동 먹이를 먹었는지에 따라 성체의 먹이 성향이 정해져요. 살아 있는 먹이를 주기 힘들다면 새끼 때부터 냉동 먹이를 먹여야 겠지요.

낮고 넓은 통에 코코넛 은신처를 넣어 주세요. 편안하고 숨을 수 있는 쉼터가 됩니다.

온도 핫존 28~34℃, 쿨존 24~27℃
습도 50~60%

나 공 아니야, 뱀이야….

주의! 입양할 때 꼭 알아 두세요!

볼파이톤은 전 세계적으로 인기가 많아서 포획이 끊이지 않고 있어요. 아프리카에서 개체 수가 많이 감소하면서 사이테스 2급으로 지정되었답니다. 입양할 때는 사이테스 관련 서류를 꼭 확인하세요.

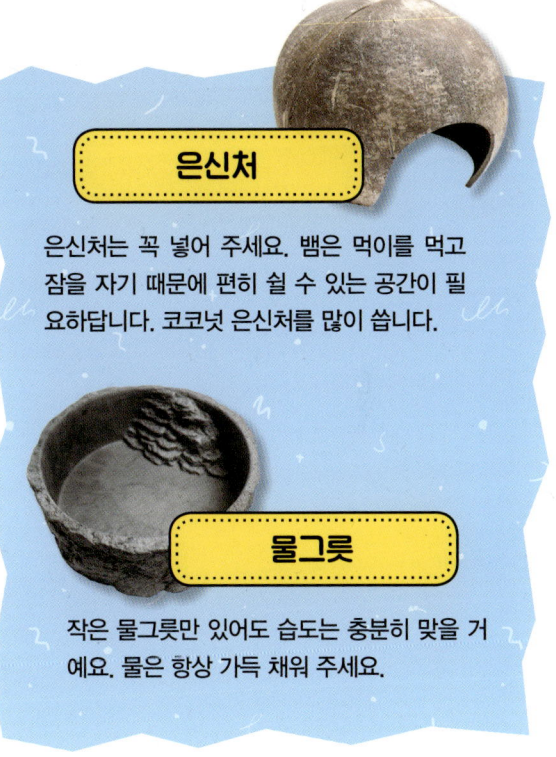

은신처

은신처는 꼭 넣어 주세요. 뱀은 먹이를 먹고 잠을 자기 때문에 편히 쉴 수 있는 공간이 필요하답니다. 코코넛 은신처를 많이 씁니다.

물그릇

작은 물그릇만 있어도 습도는 충분히 맞을 거예요. 물은 항상 가득 채워 주세요.

🐛 맛난 먹이를 줘요

뱀은 낮에 잠을 자고, 밤에 활동하기 때문에 밤에 먹이를 주세요. 냉동 쥐는 따뜻하게 녹여서 주세요. 긴 핀셋으로 집어 줘야 놀라지 않고 먹는답니다. 볼파이톤의 무게에 따라 적당한 크기의 쥐를 주세요.

횟수 1주 1~2끼
먹이 쥐

볼파이톤 무게	쥐 크기
200g	핑키~퍼지
300g	퍼지~하퍼
450g	하퍼~랫 소
700g	랫 소
1kg	랫 중
1.8kg	랫 대

쥐 크기 분류

핑키(2cm)

퍼지(2~3cm)

하퍼(3~5cm)

랫(8cm 이상)

먹이를 주고 나서 2~3일 동안은 핸들링 하지 말아요. 소화시킬 시간을 줍시다.

나는 살아 있는 쥐를 더 좋아해.

아하! **밥을 잘 먹지 않는다면?**
먹이를 줄 때 '뉴트리박'을 묻혀 주세요. 소화를 돕고 장의 활동성을 높여 식욕을 돋울 거예요.

🥚 짝짓기와 부화를 시켜요

볼파이톤은 콘스네이크, 킹스네이크와 달라요. 몸이 굵기 때문에 짝짓기가 가능한 몸무게가 다르답니다. 또, 보통 암컷이 수컷보다 크지요. 암컷은 최소 500g, 수컷은 최소 400g이 되었을 때 짝짓기를 시키는 게 좋아요.

　짝짓기를 시키기 전에 암컷과 수컷의 사육장 온도를 며칠 동안 20~24℃ 정도로 낮춰 놓았다가 온도를 다시 올려 줍니다. 이렇게 온도를 바꾸는 것을 '쿨링'이라 부릅니다. 계절이 변해 번식기가 되었다는 것을 온도로 알려 주는 방법이에요. 쿨링 후 약 2~3주 뒤에 수컷과 암컷을 합사하면 됩니다. 짝짓기가 이루어지지 않았다면 하루 정도 떨어뜨렸다가 다시 합사시키세요. 보통 1~3월쯤에 짝짓기를 많이 시킵니다.

짝짓기 중인 볼파이톤

알을 지키고 있는 볼파이톤

온도 28℃
습도 40%

알 크기 좀 보세요!

내가 먼저 나왔네?

숨구멍이 표시된 알

암컷은 짝짓기를 하고 2개월 뒤에 산란합니다. 알은 6~8개 정도 낳아요. 약 2개월 뒤에 부화합니다. 산란장의 온도와 습도를 잘 유지한다면 건강한 볼파이톤이 태어날 거예요.

정브르와 함께 관찰해요

입양할 때 알아 두세요!

볼파이톤의 눈, 비늘, 입, 꼬리 등 몸 구석구석 잘 살펴보세요. 구내염이나 작은 기생충이 있지 않은지 천천히 살펴보고 데려옵니다.

볼파이톤이 무서워해요!

몸을 말고 있을 때는 건드리지 말고 가만히 둬요. 겁을 먹어 몸을 말고 있는 거랍니다.

무서워.

부화하는 순간을 놓치지 마세요!

새끼는 알에서 나오자마자 입을 크게 벌리고 숨을 쉬어요. 봐도봐도 신기하답니다. 친구들도 그 장면을 놓치지 않길 바라요!

바닥재를 먹으면 안 돼요

먹이를 먹을 때 바닥재를 함께 먹지 않는지 잘 살펴보세요.

4장

정브르가 알려줄게!
거북

초등 과학 교과 연계

초등학교 3학년 1학기 3단원 동물의 한살이
초등학교 3학년 2학기 2단원 동물의 생활
초등학교 5학년 1학기 5단원 다양한 생물과 우리 생활

거북은 어떤 동물일까요?

거북은 사는 곳에 따라 종류가 나뉩니다. 바다거북, 육지거북, 수생거북, 반수생거북 등으로 나뉘지요. 우리가 주로 키우는 거북인 육지거북과 반수생거북을 살펴볼게요. 땅에서 주로 사는 거북을 '육지거북', 물과 땅을 오가며 사는 거북을 '반수생거북'이라고 합니다.

  육지거북은 튼튼한 발로 등딱지를 메고 다녀요. 건조한 사막에 사는 육지거북도 있고, 나무가 울창한 숲에 사는 육지거북도 있어요. 육지거북들은 보통 단독 생활을 하며 풀을 먹고 사는데, 가끔 벌레나 작은 동물을 먹는 거북도 있답니다. 반수생거북은 바다, 강, 물가에 살아요. 수영하기 좋게 등딱지가 넓고 평평하며 가벼워요. 발에는 물갈퀴도 있지요.

거북의 한살이

알은 땅속열로 따뜻하게 있어요.

드디어 알에서 나왔어요!

클수록 등딱지가 딱딱해지고 두꺼워진답니다.

눈
거북은 초롱초롱한 눈으로 빛을 감지하는 능력이 뛰어나요. 50m 떨어진 대상도 볼 수 있답니다.

귀
눈 뒤에 고막이 있지만 청력이 좋지는 않아요.

등딱지
등딱지는 단단한 뼈입니다. 성체가 될수록 딱딱해져요. 안에는 내장과 근육이 있어요.

꼬리
거북의 성별은 꼬리를 보면 알 수 있답니다. 꼬리의 시작 부분이 굵으면 수컷, 가늘면 암컷으로 구별할 수 있어요.

입
이빨이 없어요. 하지만 턱의 힘이 강해 먹이를 잘 끊어 먹습니다.

발
육지거북은 땅을 잘 디딜 수 있게 굵은 다리와 단단한 발톱을 지니고 있어요. 반수생거북은 발에 물갈퀴가 있지요.

아하! 거북도 탈피를 해요!

거북도 뱀 같은 다른 파충류처럼 탈피해요. 다만 껍질을 한 번에 벗지 못해요. 작은 피부 조각이 여러 차례에 걸쳐 떨어지고 그 자리에 새 피부가 돋아납니다. 육지거북의 등딱지는 죽은 피부 조각들이 계속 쌓여서 두꺼워집니다.

등딱지가 두꺼워져요.

거북의 종류를 살펴봐요

무게가 어마무시한
갈라파고스 코끼리 거북

갈라파고스 제도에 사는 거북으로, 180살까지 살아요. 몸무게가 500kg까지 나가는 초대형 거북이에요.

목이 긴
알다브라 코끼리 거북

무게가 최대 360kg까지 나가요! 최대 250년까지 산 거북도 있어요. 등딱지가 두꺼운 편이고, 목도 길어서 높은 나무의 잎도 잘 먹는대요.

납작하고 긴
팬케이크 육지거북

팬케이크 육지거북은 다른 육지거북의 등딱지와 다르게 등딱지가 납작해요. 그래서 팬케이크 육지거북이래요!

머리가 특이한
마타마타 거북

먹이를 특이하게 잡아요. 물속에서 목을 길게 빼서 옆으로 구부린 다음에 가만히 있어요. 물고기가 먹이인 줄 알고 다가오면 그때 확 물을 빨아들여 잡아먹어요.

무는 힘이 센 늑대 거북

앙! 다가오면 물어 버리겠어!

늑대 거북은 진흙 속에 들어가 눈과 코만 밖으로 내놓고 먹이를 기다려요. 먹이가 지나가면 덮쳐요. 주둥이 힘이 아주 세서 한 번 물리면 빠져나오기 힘들다고 해요.

냄새가 지독한 사향 거북

사향 거북(머스크 터틀)은 몸집이 작지만 적에게 사납게 달려들어 물어요. 다리의 취선에서 아주 고약한 냄새를 뿜어요.

아하! 너는 어느 지방에서 왔니?

추운 지방에 사는 거북의 색깔은 따뜻한 지방에 사는 거북의 색깔보다 짙어요. 햇빛을 잘 받아들이기 위해 색깔이 더 짙지요. 또, 추운 지방에 사는 거북은 따뜻한 지방에 사는 거북보다 작대요!

거북과 자라는 달라요!

등딱지가 딱딱하면 거북, 말랑말랑하고 납작하면 자라예요. 자라의 입이 더 가늘답니다.

내가 자라야. 우릴 헷갈리지 말라고~.

육지거북을 어떻게 키워야 할까요?

어떤 사육장이 필요할까요?

모든 파충류가 그렇듯이 거북도 온도와 습도를 맞춰 주는 게 가장 중요해요.

육지거북은 건조한 환경에서 자라는 건계형 거북과 습한 환경에서 자라는 습계형 거북으로 나뉘어요. 육지거북에게도 쉬거나 자는 공간인 은신처를 마련해 줘야 합니다. 건계형 거북이라도 어느 정도 습하고 서늘한 은신처가 필요해요.

보통 자동온도조절 사육장을 사용합니다. 육지거북은 성체가 되면 새끼 때에 비해 몸집이 아주 커지고 우락부락해지기 때문에 서식지가 좁으면 불편해해요. 새끼 때는 2자 사육장(가로 60cm×세로 45cm×높이 45cm), 성체가 되면 보통 3자(가로 90cm×세로 45cm×높이 45cm) 또는 4자(가로 120cm×세로 45cm×높이 45cm) 사육장을 쓴답니다.

유리 사육장은 육지거북에게 스트레스를 주므로 추천하지 않습니다. 만약 집에 유리 사육장이 있다면 옆면이나 뒷면의 유리를 판자 또는 어두운 색의 종이로 막아 사용해도 괜찮답니다.

온도 핫존 27~35℃, 쿨존 20~29℃
습도 20~70%

❖ 종마다 맞춰야 하는 온도와 습도가 조금씩 다릅니다.

육지거북의 사육장

준비됐나요?

☐ UVB 램프, 스팟 램프
☐ 과습 방지 패드, 코코피트, 바크, 건초
☐ 먹이 그릇, 물그릇
☐ 큰 은신처

1. 건계형 육지거북 사육장

설가타 육지거북, 레오파드 육지거북, 호스필드 육지거북, 마지나타 육지거북처럼 건조한 지역에 사는 건계형 육지거북을 위한 사육장이에요. 쿨존에 코코피트와 바크를 깔고, 은신처와 먹이 그릇을 둡니다. 핫존에는 과습 방지 패드를 깔아 주세요.

물그릇은 핫존에!

물그릇은 거북이 스스로 온욕을 할 수 있는 수영장이 되기도 해요.

육지거북도 핫존과 쿨존을 왔다 갔다 하며 체온을 조절해요. 습기를 잘 흡수하는 모래나 펠렛(사육장 전용 바닥재)도 사용할 수 있어요.

쉬거나 자고 숨어야 할 때 안정감을 느낄 수 있도록 은신처를 꼭 마련해 주세요! 은신처는 습도가 높아야 해요.

아하! 사육장 관리는 이렇게!

- UVB 램프는 2~3개월마다 갈아 주세요.
- UVB 램프는 오후 4~5시가 되면 꺼 주세요. 낮엔 밝고, 밤엔 어두워야 합니다.
- 사육장 안의 미세먼지와 변을 자주 닦아 깨끗하게 유지해요.

2. 습계형 육지거북 사육장

동헤르만 육지거북, 서헤르만 육지거북, 그리스 육지거북, 별거북, 체리헤드 육지거북처럼 숲이나 초원 등 습한 지역에 사는 습계형 거북을 위한 사육장이에요.

얘들아, 나 좀 지나가자. ㅠㅠ

코코피트나 바크처럼 습기를 많이 머금을 수 있는 바닥재가 좋습니다.

거북에 따라 땅에 뿌리내린 풀을 뽑아 먹는 걸 좋아하는 거북도 있고, 땅 파는 걸 좋아하는 거북도 있습니다. 바닥을 높게 깔고 작은 풀을 심어 두는 것도 좋아요.

브르와 함께 온두라스 거북의 사육장을 만들어 봐요! 따라 하다 보면 뚝딱 완성이랍니다.

습계형 거북을 위한 사육장 만들기!

사육장을 어떻게 꾸며야 할까요?

육지거북의 사육장에 어떤 용품이 필요할까요?
함께 살펴봅시다!

아, 노곤해~.

1. 온도 조절 도구

▶ **UVB 램프**

파충류에게는 자외선이 중요하답니다. 일광욕을 즐길 수 있도록 램프 아래에 평평한 돌을 마련하면 좋아요. 전구는 2~3개월마다 갈아 주세요.

▶ **스팟 램프**

사육장 안에 핫존과 쿨존이 분리되어 있어야 거북이 움직이면서 체온을 조절할 수 있어요. 사육장 온도가 20℃ 아래로 내려가지 않게 유지해 줍니다. 자동온도조절 사육장을 쓴다면 스팟 램프는 필요하지 않겠지요?

일주일에 1~2번은 햇빛에 일광욕을 해 주세요. 야외 기온이 20℃가 넘을 때 나가서 일광욕을 시킵니다.

온욕도 해 주면 일석이조랍니다. 별거북과 레오파드 육지거북의 달리기 경주도 누가 이기나 보세요!

아하! 전기장판이 필요할까요?

육지거북에게 바닥에서 온도를 조절하는 전기장판이나 히팅패드는 큰 효과가 없답니다.

일광욕하다가 거북이가 탈출했어요!

2. 바닥재

▶ 과습 방지 패드
건조한 곳에서 살아가는 육지거북을 위한 바닥재예요. 습기를 잡아 주는 깔개입니다.

▶ 건초
건조한 환경을 만들 때 좋아요. 하지만 자주 교체하지 않으면 호흡기 건강에 해롭고, 눈 건강에도 좋지 않아요.

▶ 신문지
비용 면에서 가장 저렴하고 교체나 청소도 쉽습니다. 하지만 습도와 온도 관리가 어려워요.

▶ 바크
나무껍질을 가공한 바닥재로, 더러워지면 삶아서 다시 쓸 수 있어요.

▶ 코코피트
코코넛 섬유가 함유된 흙으로 만든 바닥재입니다. 황토와 섞어 쓰기도 해요. 습도를 유지하기 좋지만 가격이 비싸고 청소나 관리가 어려워요.

3. 장식품

▶ 은신처
육지거북이 일광욕할 때 체온이 지나치게 오르면 열사병에 걸릴 수 있어요. 은신처로 그늘을 만들어야 해요. 은신처가 아늑해야 들어가서 잔답니다.

▶ 물그릇
물을 담는 역할뿐 아니라 습도도 높여요. 물그릇을 자주 확인해 물을 깨끗하게 유지해 주세요.

▶ 먹이 그릇
그릇 높이가 높으면 육지거북이 먹이를 먹지 못하거나 안에 들어가서 나오지 못할 수도 있어요. 높이가 낮은 먹이 그릇을 두세요.

▶ 온욕 그릇
온욕은 거북의 소화, 배설이 잘되게 하고, 요산 배출도 도와요. 요산이 배출되지 않으면 몸속에서 굳어 건강이 나빠질 수 있어요. 높이가 거북의 배딱지 정도 되는 낮은 그릇을 준비하세요.

아이고~ 시원하다.

꿀꺽 꿀꺽!

아하! 따뜻하게 키워요!

❖ 계단처럼 생긴 먹이 그릇과 물그릇을 놓으면 거북이 오를 수 있어 램프에 가까이 갈 수 있어요.
❖ 온욕은 일주일에 1~2번, 5~10분씩 미지근한 물로 시켜 주세요.

무엇을 먹을까요?

거북의 먹이는 크게 채소, 건초, 사료로 나눌 수 있어요. 육지거북은 대부분 초식성이지만 곤충을 먹는 거북도 있답니다. 새끼 때 채소는 채 썰어 주고, 단백질 사료도 조금씩 주세요. 건초를 먹는 거북 친구도 있어요.

채소

거북은 하루의 많은 시간을 먹는 데 써요. 과일처럼 당분이 많거나 사료처럼 단백질이 풍부한 음식은 양을 적게, 여러 번 나눠 주세요. 어떤 거북은 새끼 때 곤충을 먹다가 성체가 되어 채소를 먹기도 합니다.

한 가지 채소만 주지 말고, 치커리, 애호박, 배추, 상추, 청경채, 클로버 등 다양한 녹색 채소를 먹여요! 당근도 좋아해요. 파처럼 자극 적인 채소는 주지 말아요. 민들레, 토끼풀도 잘 먹어요. 하지만 야생에서 자란 풀은 다른 동물의 대소변, 배기가스 등으로 오염이 되었을 수 있으니 잘 씻어서 주세요.

건초

건초를 먹어야 소화가 잘되는 거북도 있어요. 설가타 육지거북, 레오파드 육지거북 등이 있지요. 건초를 잘게 부숴 여러 채소와 함께 먹여요. 호스필드 육지거북과 마지나타 육지거북은 건초를 소화하기 어려우니 알아 두세요!

사료

동물성 단백질이 필요한 체리헤드 육지거북에게는 다양한 채소와 함께 밀웜이나 사료를 줍니다. 사료를 갈아 채소 위에 뿌리는 방법도 있지요. 사료를 주면 따로 비타민과 칼슘을 챙기지 않아도 된답니다!

육지거북 사료

육지거북의 치커리 먹방!

짝짓기와 부화를 살펴봐요

거북은 짝짓기할 때가 되면 수컷이 앞발의 발톱으로 암컷의 목을 긁거나 건드려요. 암컷이 준비가 되면 수컷이 암컷의 뒤에 올라타서 짝짓기를 시작해요. 짝짓기는 1시간 정도 합니다.

거북은 늦봄과 늦가을에 알을 낳아요. 어미는 알을 낳기 전에 뒷다리로 땅을 파 구멍을 만들어요. 그 구멍에 알을 낳는답니다. 알은 2~8개월 동안 잠복기를 거쳐 부화해요.

아하! 암컷과 수컷 구별하기

꼬리와 발톱을 보면 알 수 있어요. 수컷이 암컷보다 꼬리가 굵고, 더 길어요. 발톱도 더 길답니다. 하지만 반수생거북은 대부분 수컷이 암컷보다 작아요.

어미는 알을 땅속에 묻어요!

알을 부화장으로 옮겼어요!

짜잔, 알을 깨고 나왔어요!

건강하게 보살펴요

등딱지가 울퉁불퉁해져요!

육지거북의 등딱지가 울퉁불퉁해지는 현상을 피라미딩이라고 해요. 보통 성체가 되면서 일어나는 현상이에요. 하지만 피라미딩이 너무 빠르거나 심하게 발생하면 건강에 이상이 있다는 뜻이에요. 단백질 과잉, 영양 불균형 등 여러 이유로 일어납니다. 피라미딩이 심하다면 거북의 환경이나 습관에 어떤 문제가 있는지 살펴야 해요. 심하다면 병원에 가야겠지요.

거북의 스트레스 해소는 산책으로!

UVB 램프로 자외선을 쪼이긴 하지만 일주일에 2~3번 정도 일광욕을 위해 산책을 나가요. 거북의 스트레스를 풀어 주지요. 산책하는 동안 풀을 뜯어 먹기도 하는데, 식물이 오염되었을 수 있으니 많이 먹지 않도록 조심하세요.

눈을 뜨지 못해요!

거북의 눈은 예민한 부위예요. 항상 눈을 잘 뜨는지, 눈 색이 변하지 않았는지, 눈에 이물질이 들어가지 않았는지, 눈을 자주 비비지 않는지 잘 살펴요. 눈을 잘 뜨지 못한다면 비타민 A가 부족하거나 건강에 이상이 생긴 상태입니다. 빠르게 치료해야 해요.

산책이 최고야.

눈에 이물질이 들어가서 닦아 주고 있어요.

사육 난이도 ★★★★
인기도 ★★★★★

내가 제일 잘 나가!
호스필드 육지거북

모든 육지거북은 사이테스 2급이에요!

학명 Testudo horsfieldii
영어명 Horsefield Tortoise
수명 약 20~30년
길이 약 20cm
사육 온도 핫존 32~35℃, 쿨존 20~29℃
습도 50~70%

보통 거북 하면 물에서 사는 수생거북, 반수생거북을 많이 떠올릴 거예요. 하지만 육지에 사는 육지거북도 있답니다. 호스필드 육지거북은 중앙아시아와 서아시아에 사는 소형종 육지거북이에요. 저온에 잘 적응하고 다 커도 대부분 20cm를 넘지 않아 반려동물로 인기가 많아요. 기본적으로 건계형 거북이지만 습한 지역에 사는 거북도 있어요.

　육지거북은 눈병, 갑골연화증, 기생충 등 반수생거북보다 신경 써야 할 부분이 많아요. 따라서 육지거북을 키우려고 한다면 공부를 열심히 해야 합니다! 물론 브로도 많이 알려 줄게요. 자, 하나씩 배워 볼까요?

육지거북 모이는 날!

사육장을 꾸며요

과습 방지 패드와 코코피트를 깐 사육장

과습 방지 패드

쿨존에 코코피트와 바크를 깔고 은신처와 먹이 그릇을 둡니다.

냠냠

은신처

은신처의 안팎의 습도가 차이 나게 만들어 주세요. 은신처 안이 적당히 습해야 잘 때 안으로 들어가 잔답니다.

물그릇

체리헤드 육지거북과 함께 온욕하고 있어요!

핫존에 물그릇을 두면 스스로 들어가 온욕을 즐겨요.

UVB 램프

UVB 램프는 오후 4~5시가 되면 꺼 주세요. 밤에도 켜 놓으면 스트레스를 받아요. 일주일에 한 번은 햇빛 아래서 일광욕을 해 줍시다! 더 건강해질 거예요.

🐢 맛난 먹이를 줘요

육지거북은 채소를 주로 먹는 잡식성 거북이에요. 잡초나 볏짚을 좋아하는 거북 친구도 있어요. 건강을 위해 치커리, 애호박, 청경채, 당근 등 채소를 골고루 먹이세요. 채소를 줄 때 비타민 D_3 칼슘제를 조금씩 뿌려 주면 좋아요. 자주 설사하는 거북에게는 건초를 잘게 잘라 채소와 섞어 주세요. 설사를 줄여 줍니다.

옹기종기 모여 채소를 먹는 육지거북

횟수 1일 1~2끼
먹이 치커리, 애호박, 청경채 등 채소

이건 신선한 채소군.

신선한 채소라도
따뜻한 사육장에 오래 두면
시들해져요. 조금씩 두 번 나누어 주면 된답니다.

물 마시는 레드풋 육지거북

주의! 잡초를 조심해요!

일광욕을 위해 산책을 나가 보세요! 산책하다 보면 잡초를 뜯어 먹는데, 많이 먹지 않도록 지켜보세요. 잡초에 다른 동물의 변이나 오염 물질이 묻어 있을지 모르니까요.

체리헤드 육지거북과 호스필드 육지거북

정브르와 함께 관찰해요

온욕을 자주 해 주세요!

일주일에 한 번은 온욕을 해 주세요. 넓은 그릇에 따뜻한 물을 거북의 배딱지 높이만큼 받아요. 5~10분 정도 온욕하는 동안 물을 등딱지에 조금씩 부어 주세요. 따뜻한 물에 있다 보면 소화가 잘되고 요산 배출에도 도움이 된답니다.

눈을 자주 씻겨 주세요!

거북은 눈에 이물질이 끼면 눈을 잘 못 떠요. 면봉에 물을 적셔 눈과 그 주변을 잘 닦아 줍니다. 평소 눈 주위에 분무기로 물을 자주 뿌려 주세요.

데려올 때 꼭 확인하세요!

거북의 눈, 다리, 등딱지, 항문을 유심히 봅니다. 눈은 잘 뜨는지, 다리는 4개 모두 잘 움직이는지, 항문이 막히지 않았는지, 등딱지는 단단한지 확인해요. 물론 새끼의 등딱지를 너무 세게 누르면 안 돼요. 변에 기생충은 없는지, 구충이 되었는지, 먹이에 잘 반응하는지 살펴봅시다.

단백질 사료는 조금씩 나누어 줘요

피라미딩이 심해지는 이유에는 영양 불균형, 단백질 과잉 등이 있어요. 새끼 때부터 단백질 사료를 많이 먹으면 피라미딩이 빨리 시작될 수 있어요. 단백질 사료는 조금씩 줍시다.

눈병에 걸린 육지거북, 브르는 이렇게 닦아요

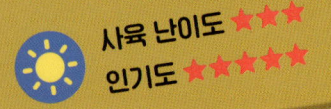

사육 난이도 ★★★
인기도 ★★★★★

표범 무늬에 똘망똘망한 눈까지!
레오파드 육지거북

학명 Geochelone pardalis
영어명 Leopard Tortoise
다른 이름 표범 땅거북, 표범 무늬 거북
수명 약 40~70년
길이 약 35~70cm
사육 온도 핫존 32~35℃, 쿨존 20~27℃
습도 30~50%

레오파드 육지거북은 아프리카에 사는 초식성 거북이에요. 등딱지 무늬가 표범 무늬 같아 레오파드 육지거북이라 불려요.

평균 수명이 약 50년이지만 자연에서 100살까지 산 거북도 있대요. 등딱지에 나이테가 있어 몇 살인지 알 수 있어요. 또, 짝짓기할 때면 수컷이 꿀꿀거리며 돼지 소리를 낸대요. 참 신기한 점이 많은 거북이에요.

내 나이는 몇 살이게? 맞혀 봐!

등딱지 색이 대부분 흰색, 크림색, 노란색이고, 등딱지 무늬도 조금씩 달라요. 등딱지 무늬와 색으로 누가 누군지 구분할 수 있어요.

귀여운 등딱지뿐만 아니라 작고 까만 눈망울도 레오파드 육지거북의 매력이랍니다. 키우기 쉬운 편이지만 성체가 되면 최대 70cm까지 커지기 때문에 집에 큰 사육장을 둘 만한 공간이 있어야 해요.

건초 먹으면 소화가 잘된대.

동글동글 등딱지에 방울방울 까만 눈~

미션! 거북이 밥을 만들어라!

야채 버무리기

브르는 매일 아침 거북이에게 줄 먹이를 만들어요. 어떻게 만드는지 함께 볼까요?

맛있게 먹는 모습에 또 심쿵!

사육 난이도 ★★★
인기도 ★★★★★

알록달록!
체리헤드 육지거북 💧

학명 Geochelone carbonaria
영어명 Cherry Head Red-footed Tortoise
수명 약 50년
길이 약 40~50cm
사육 온도 핫존 32~35℃, 쿨존 20~27℃
습도 30~50%

체리헤드 육지거북은 브라질, 파라과이 등 남미 지역의 습한 열대 우림에서 살아요. 활동성이 강해 새벽부터 부지런하게 움직여요. 하루의 대부분을 먹이를 먹으면서 보내요. 물 마시는 걸 좋아하고, 잡식성이라서 죽은 곤충이나 동물도 뜯어 먹는답니다.

머리와 발에 붉은 반점이 있고, 등딱지에 노란 점이 있어 다른 거북과 구별되지요.

바닥이 촉촉해야 해요.

24시간이 모자라~.

레드풋 육지거북의 사촌이에요.

체리헤드 육지거북은 짝짓기를 하려면 크기가 최소 30cm 이상이 되어야 해요. 주로 4~5월에 짝짓기를 시켜요. 짝짓기를 하고 나서 1~2개월 뒤 땅에 굴을 판 다음 2~16개의 알을 낳아요. 5개월 정도 기다리면 부화합니다.

땅에 알을 묻어 놓았어요!

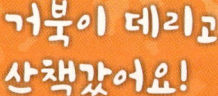
거북이 데리고 산책갔어요!

아하! 단백질 보충은 어떻게 할까요?

자연에서 곤충이나 동물을 먹기 때문에 집에서 키울 때는 단백질을 충분히 보충해 줘야 해요. 다른 파충류처럼 거북도 밀웜이나 쥐를 먹어요. 냉동 먹이를 주거나 고구마 줄기, 상추, 질경이, 애호박처럼 단백질 함량이 높은 채소를 주세요.

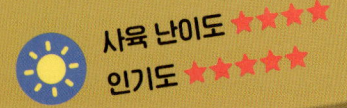

사육 난이도 ★★★★
인기도 ★★★★★

등딱지가 멋있는
마지나타 육지거북

학명 Testudo marginata
영어명 Marginated Tortoise
다른 이름 마지네티드 거북, 마지네이트 거북
수명 약 50년
길이 약 20~25cm
사육 온도 핫존 32~35℃, 쿨존 20~27℃
습도 20~35%

마지나타 육지거북은 그리스나 이탈리아 등 유럽에서 발견되는 거북이에요. 유럽에 사는 거북이 중에서 가장 큰 크기랍니다. 길이는 최대 35cm까지 크지만 보통 20~25cm까지 커요. 새끼 때는 작고, 동글동글한 등딱지로 귀여움을 뽐내요. 성체가 되면서 검은 무늬가 커집니다. 멋진 등딱지가 되지요.

마지나타 육지거북의 알은 부화 기간이 100일 정도로 짧은 편이에요. 하지만 육지거북의 알을 부화시키기란 쉬운 일이 아니에요. 긴 시간 동안 적정 온도와 습도를 꾸준히 유지해야 하기 때문이지요. 건조한 상태로 유지하다가 알이 부화하면 습도를 높여 줍니다.

마지나타 육지거북은 브르가 가장 좋아하는 육지거북이에요. 제가 키운 마지나타 육지거북은 몸이 약했는지 금방 하늘나라로 떠났어요. 우리 친구들은 잘 보살펴 주길 바라요.

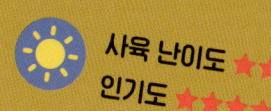

사육 난이도 ★★
인기도 ★★★★

킁킁! 난 냄새를 잘 맡는
동헤르만 육지거북

학명 Testudo hermanni boettgeri
영어명 Eastern Hermann's Tortoise
수명 약 30~75년
길이 약 18~30cm
사육 온도 핫존 28~30°C, 쿨존 20~27°C
습도 30~50%

내가 제일 좋아하는 채소 냄새~.

킁킁~

체리헤드 육지거북 다음으로 키우기 쉬운 동헤르만 육지거북이에요. 먹는 걸 좋아해서 하루 종일 먹을 걸 찾느라 사육장 여기저기를 돌아다닌답니다. 그리스, 이탈리아 등 유럽의 숲이나 강변의 풀밭에 살아요. 덤불이나 바위 틈에 숨어 살지요. 냄새로 먹어도 되는 채소와 먹으면 안 되는 채소를 구분할 수 있습니다. 똑똑하지요?

온욕 좋아~.

성체가 되면서 등딱지의 검은색 무늬가 커져요. 새끼 때와 성체 때 무늬가 어떻게 달라졌는지 비교하는 재미도 있답니다. 친구들도 사진을 많이 찍어 두세요!

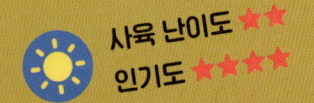

사육 난이도 ★★
인기도 ★★★★

동헤르만 육지거북이랑 헷갈리지 마세요!
서헤르만 육지거북

학명 Testudo hermanni hermanni
영어명 Western Hermann's Tortoise
수명 약 30~75년
길이 약 15~22cm
사육 온도 핫존 27~30℃, 쿨존 20~27℃
습도 30~35%

서헤르만 육지거북은 동헤르만 육지거북과 비슷하게 생겼어요. 그냥 보면 구별이 어려워요. 하지만 등딱지와 배딱지를 보면 구별할 수 있답니다. 서헤르만 육지거북의 등딱지와 배딱지의 검은 무늬가 더 크고, 넓은 편이랍니다. 또 성체가 되면 크기로도 구별할 수 있어요. 동헤르만 육지거북이 서헤르만 육지거북보다 더 크기 때문이지요.

서헤르만 육지거북 또한 냄새를 잘 맡아서 먹어도 안전한 먹이인지 스스로 판단합니다. 민들레, 클로버, 상추, 꽃, 과일 등 다양하게 먹어요. 자연에서는 겨울이 되면 낙엽 밑으로 땅을 파고들어 가 동면을 한대요. 파고드는 걸 좋아하니 사육장에 낙엽이나 건초를 넣어서 숨을 수 있는 공간을 만들어 주세요.

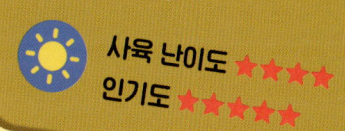

사육 난이도 ★★★★
인기도 ★★★★★

조금만 더 크면 등딱지가 높이 솟아오를 거야.

멋진 등딱지 무늬를 뽐내는
별거북 💧

등딱지 무늬가 예쁘지?

학명 Geochelone elegans
영어명 Star Tortoise
수명 약 30~55년
길이 약 30~38cm
사육 온도 핫존 32~35℃, 쿨존 20~27℃
습도 70%

별거북은 인도, 스리랑카, 파키스탄에 사는 거북이에요. 성체가 되면 등딱지가 높이 솟아 멋진 자태를 뽐내요. 다른 파충류와 마찬가지로 지역에 따라 등딱지의 색과 크기가 다릅니다. 별거북은 대부분 활동성이 약하고 성장 속도도 느려 사육장이 그리 크지 않아도 되지요. 채소를 줄 때 건초도 함께 넣어 주세요. 소화가 잘됩니다.

겁이 많고 소심한 편이니 먹이를 주거나 청소를 할 때 천천히 조심스럽게 다가가세요. 핫존은 32~35℃로 온도를 맞추고, UVB 램프도 하루에 10시간 정도 켜 주세요. 또 습계형 거북이라서 사육장의 습도가 높게 유지되도록 분무기로 물을 자주 뿌려 주세요.

주의! 자연의 개체 수가 줄고 있어요!
별거북은 현재 사이테스 2급이지만 개체 수가 빠르게 줄고 있어서 곧 사이테스 1급이 될지도 몰라요.

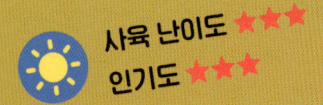

사육 난이도 ★★★
인기도 ★★★

세계에서 세 번째로 큰 거북은 바로 나!
설가타 육지거북

학명 Centrochelys sulcata
영어명 African Spurred Tortoise
다른 이름 설카타 육지거북, 아프리카 가시 거북
수명 약 30~55년
길이 약 90cm
사육 온도 핫존 28~31℃, 쿨존 20~27℃
습도 30~35%

너무 크다고 놀라지 마.

갈라파고스 코끼리 거북, 알다브라 코끼리 거북 다음으로 설가타 육지거북이 커요. 무게도 최대 100kg이 넘는 큰 거북이지요. 설가타 육지거북을 키우려면 한강유역환경청에 사육 시설을 등록해야 해요.

한 마리를 키우려면 사육장 크기가 가로 2.4m, 세로 1m가 되어야 하지요. 등록할 때 수수료 10만 원, 사육 시설 사진, 관리 계획서 등 필요한 자료가 많기 때문에 키울 수 있는지 충분히 생각한 다음에 데려와야 해요.

산책 나왔어요!

거북의 설사

설가타 육지거북은 섬유질을 많이 섭취해야 해요. 식이섬유가 부족하면 소화관 장애가 생기거나 설사를 해요. 또 편모충 같은 기생충에 예민하게 반응하기 때문에 몸 구석구석 살펴보면서 증상이 없는지 확인해야 해요. 다른 거북보다 성장 속도가 빠르기 때문에 칼슘과 미네랄을 보충해 주는 게 좋아요. 브르는 약수터 물과 비타민 D_3 칼슘제를 챙겨 준답니다.

아하! **바닥재와 먹이를 준비해요**

❖ 바닥재로 건초와 황토를 추천해요! 황토는 냄새를 줄여 주고, 변이 묻은 부분만 덜어서 버리면 되거든요.
❖ 설가타 육지거북은 초식만 하는 거북이에요. 클로버를 좋아하니 챙겨 주세요!

반수생거북을 어떻게 키워야 할까요?

어떤 사육장이 필요할까요?

반수생거북은 물과 땅을 오가며 지내요. 물은 몸이 잠겨서 헤엄칠 정도로 넣어야 합니다. 사육장은 햇빛이 잘 드는 곳에 두어 일광욕을 시키고, 은신처를 넣어 그늘도 만들어 주세요. 열대 지역에서 사는 거북이라면 물 온도를 높이는 담수어용 히터(난방 장치)도 필요해요.

반수생거북은 육지거북보다 성장 속도가 빠른 편입니다. 종마다 성장 속도를 고려해 성체가 되었을 때 좁지 않을 크기의 유리 사육장으로 준비하세요. 보통 가로 20~60cm 유리 사육장을 씁니다. 가로 20cm 사육장에 새끼 한 마리를 키우는 게 가장 좋아요. 40cm면 두세 마리를 키우는 게 적당해요. 물론 거북이 커지면 넓은 사육장으로 옮겨 주세요. 다른 거북이나 열대어와 함께 키울 수 있는 종도 있으니 잘 살펴보고 입양하세요.

수온 24~28℃, 핫존 30~32℃

주의! 수돗물을 사용한다면?

방금 받은 수돗물을 사육장에 넣지 말아요. 수돗물 속에 든 염소가 날아가도록 일주일 동안 대야에 물을 담아 주세요.

준비됐나요?

- ☐ UVB 램프, 스팟 램프
- ☐ 여과기, 기포 발생기
- ☐ 자갈, 모래
- ☐ 쉼터
- ☐ 수초

먹이를 달라고 쳐다보고, 먹이를 주면 신난다고 사육장 안을 하루 종일 헤엄친답니다. 너무 활발해서 보는 사람마저 기분 좋게 만들지요!

아하! 사육장 관리는 이렇게!

- 먹이가 물에 불어 둥둥 떠다니지 않게 적당량을 주세요. 1~2분 안에 먹는 양만큼 주는 게 좋습니다.
- 사육장 가로 길이를 기준으로 20cm에 새끼 한 마리, 40cm에 새끼 2~3마리 정도를 키우면 좋습니다.
- 사육장에 수돗물을 바로 넣지 마세요! 거북의 등딱지에 하얀 곰팡이가 생기거나 물 독소 때문에 변색이 될 수 있어요.

뽈뽈뽈…

사육장을 어떻게 꾸며야 할까요?

반수생거북은 파충류 중에서도 키우기 쉬운 편이에요. 어떤 용품이 필요한지 알아볼까요?

잘 꾸며 주면 좋겠어!

1. 온도 조절 도구

▶ **UVB 램프**
주행성인 거북에게 꼭 필요한 램프예요. 일광욕을 돕는 조명이에요.

▶ **스팟 램프**
핫존의 온도를 유지합니다.

▶ **수중 히터**
물의 온도를 유지해요. 거북이 히터에 화상을 입지 않도록 싸개를 덮어 줍니다. 새끼 때는 온도를 조금 높게 유지해 주세요.

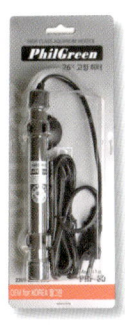

171

2. 바닥재

▶ 바닥 모래

반수생거북을 위한 바닥 모래예요. 변을 자주 보기 때문에 바닥 모래는 조금만 깔아 주세요. 삼키지 못할 크기의 모래를 넣어 줍니다.

주의! 장식품은 적당히!

장식품을 너무 많이 놓으면 스트레스를 받을 수 있으니 사육장 크기에 맞게 놓아 주세요.

3. 장식품

▶ 수초

바닥에 수초를 심어 주세요. 수질을 깨끗하게 만들고 거북에게 맛난 먹이도 됩니다.

▶ 돌

반수생거북이 올라갈 수 있는 육지를 만들어 줍니다. 유목과 큰 돌을 넣습니다. 바닥 모래로 육지를 만들기도 해요.

▶ 쉼터

거북 전용 육지 매트를 넣어 주세요. 공기를 마시며 쉬는 공간이랍니다.

4. 도구

▶ 여과기

이물질을 빨아들여 사육장을 깨끗하게 만들어요. 물을 자주 갈아 주기 어렵다면 사용하는 게 좋아요. 여과기 청소도 잊지 마세요!

여과기

▶ 기포 발생기

물속에 녹은 산소 양을 늘려요. 또 수온이 너무 올라가지 않게 돕는 도구예요.

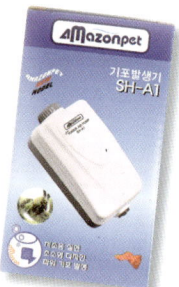

▶ 사이펀

사육장의 물을 쉽게 빼는 도구예요. 펌프를 눌러 사육장의 물을 밖으로 옮깁니다.

무엇을 먹을까요?

반수생거북은 식성이 종마다 달라요. 초식성부터 육식성, 잡식성까지 있지요. 수초를 먹거나 곤충을 먹기도 하지요. 붉은귀거북, 남생이가 속한 늪거북과 종류는 작은 개구리나 도마뱀도 먹는답니다.

먹이는 매일 2~5번씩 5분 안에 먹을 수 있는 양만 넣어 주세요. 사료를 잘 안 먹는다면 밀웜이나 귀뚜라미, 열대어를 주세요. 거북의 입맛을 돋우는 데 효과가 있어요. 곤충은 핀셋으로 잡아 눈앞에서 흔들면 먹을 거예요.

밥 주러 온 걸까?

사료

반수생거북은 사료를 주로 먹어요. 식욕이 없는 거북을 위해 냉동 장구벌레를 주기도 합니다.

▶ 감마루스
새우를 말린 사료예요. 다른 사료와 번갈아 주는 게 좋습니다.

감마루스

반수생거북은 물속에 드나들며 자연스럽게 눈이 씻기기 때문에 눈병에 잘 걸리지 않아요. 물론 물이 깨끗해야 하지요. 혹시라도 거북이 눈을 잘 못 뜨거나 눈병에 자주 걸린다면 사료를 식물성 사료로 바꿔 보세요!

자라에게 냉동 장구벌레, 냉동 미꾸라지를 줬어요! 먹으랴 헤엄치랴 바쁜 모습이에요.

돼지코 알비노 자라의 먹방

짝짓기와 부화를 살펴봐요

짝짓기는 물속에서 해요. 짝짓기를 하기 전에 수컷이 암컷의 등에 올라타 앞발로 암컷의 머리를 쓰다듬거나 뒷발로 암컷의 몸을 툭툭 쳐요. 암컷이 도망가지 않으면 짝짓기를 한다는 뜻이에요. 10분 정도로 짧게 하거나 1시간 동안 길게 하기도 한대요. 동물의 짝짓기는 참 신기하지요?

짝짓기는 따뜻한 봄인 3~4월에 해요. 짝짓기를 하고 40~50일이 지나면 암컷이 육지로 올라와요. 바다거북도 육지로 올라옵니다. 땅을 1~2m 깊이로 판 다음 그 안에 10~25개의 알을 낳지요. 새끼 때는 암컷인지 수컷인지 성별을 구별하기 어려워요. 수컷의 생식기는 몸 안에 숨어 있다가 짝짓기할 때 나오는데, 사람들이 꼬리로 착각하곤 한대요.

'헤츨링'이라고도 부르는 갓 태어난 새끼는 난황으로부터 영양을 공급받기 때문에 일주일 정도는 먹지 않아도 괜찮아요. 육지에서 쉬다가 난황의 영양소를 다 흡수한 뒤에 움직입니다.

온도 24~27°C
습도 70~80%

이제 움직여 볼까?

얼른 커지고 싶어!

알을 발견했다면 숨구멍을 표시하고, 하늘을 바라보게 두면 됩니다. 알은 3~4개월 정도 지나면 부화해요. 알을 보관하는 온도는 개체마다 조금씩 차이가 있으니 종에 따라 확인해 주세요.

주의! 알을 안전하게 보살펴요
- 습도는 높게 유지하되 알이 물에 닿지 않게 해야 합니다.
- 알에 숨구멍을 표시한 다음 하늘을 보게 해요.
- 알을 만지거나 돌리지 말아요.

건강하게 보살펴요

등딱지 색이 변했어요!

반수생거북은 하루 대부분을 물에서 보내기 때문에 물이 깨끗해야 해요. 배변을 자주 해서 조금만 방심하면 수질이 나빠져 등딱지에 곰팡이가 생길 수 있어요. 또 물을 수돗물로 쓸 생각이라면 한동안 상온에 두어 염소가 날아간 수돗물을 씁니다.

반수생거북이의 등딱지는 항상 촉촉해야 해요. 색이 변하지 않았는지 잘 봐 주세요.

거북도 감기에 걸린답니다

반수생거북이 콧물을 흘리거나 재채기를 한다면 감기나 호흡기 감염을 의심해야 해요. 입으로 호흡하거나 기운이 없어 보이고, 한 방향으로만 수영하기도 하지요. 평소에 잘 지켜보고 이상이 있다면 어떤 증상이 있는지, 현재 환경은 어떤지 잘 적은 다음에 병원으로 데려갑시다.

입양하기 전에 생각해요

'붉은귀거북'처럼 우리나라 토종 생물을 위협하는 외래종은 방생하면 안 됩니다. 리버 쿠터 터틀, 웨스턴 페인티드 터틀, 레이저백 터틀처럼 동면하는 거북은 생명력이 강하기 때문에 특히 조심해야 하지요. 방생하는 상황이 오지 않도록 입양하기 전에 충분히 고민해야 합니다.

붉은귀거북

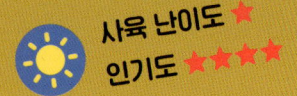

사육 난이도 ★
인기도 ★★★★

사육장 안에서 열심히 돌아다니는 거북을 보면 얼마나 귀여운지 몰라요.

수초를 너무너무 좋아하는
리버 쿠터 터틀

학명 Pseudemys concinna
영어명 River Cooter
수명 약 20~40년
길이 약 28~40cm
수온 24~28℃, 핫존 30~32℃

내 등딱지를 봐! 미로 찾기를 해도 되겠지?

반수생거북은 육지거북보다 성장 속도가 빠른 편이에요. 물속에서 활발한 만큼 먹성도 좋답니다. 육지거북보다 등딱지가 평평하고 발도 얇아요. 그 대신 물갈퀴가 발달해서 깊은 물속에서도 헤엄을 잘 친답니다. 처음 반수생거북을 키운다면 리버 쿠터 터틀을 추천하지만, 성체 크기가 큰 편이라서 깊이 생각한 후에 데려와야 합니다.

리버 쿠터 터틀은 등딱지와 피부에 예쁜 무늬가 있어 인기가 많아요. 잡식성이지만 초식성으로 착각할 정도로 수초를 많이 먹는대요.

가을에서 겨울이 되면 수온이 낮아지고, 거북의 신진대사 속도도 떨어져요. 이 시기에 진흙으로 들어가 2개월 정도 동면을 합니다.

폐로 호흡하지 않아도 총배설강의 맹낭이라는 주머니를 통해 산소를 교환할 수 있답니다. 신기하지요?

동글동글 무늬가 재밌지 않아?

등딱지

배딱지

아하! 리버 쿠터 터틀은 생명력이 강해요

리버 쿠터 터틀은 민물에서 살지만 염분이 섞인 곳에서도 살 수 있어요. 생명력이 강한 거북이지요. 리버 쿠터 터틀은 크게 이스턴 리버 쿠터 터틀, 스와니 리버 쿠터 터틀, 플로리다 쿠터 터틀 이렇게 세 종류로 나뉩니다. 이 중에 플로리다 쿠터 터틀이 인기가 많아요.

다양한 거북을 만나 볼까요?

새로 입양한 이스턴 머드 터틀, 레이저백 터틀, 리버 쿠터 터틀을 만나 볼래요?

목이 긴 뱀목 거북, 늑대 거북까지 신기한 거북도 소개할게요!

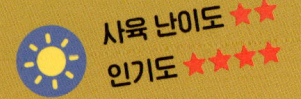

사육 난이도 ★★
인기도 ★★★★

하루 종일 움직여도 지치지 않는
이스턴 머드 터틀

이거 봐.
수영하러 갈 거야!

학명 Kinosternon subrubrum
영어명 Eastern Mud Turtle
다른 이름 동부 진흙 거북
수명 약 20~30년
길이 약 7~10cm
수온 20~28℃, 핫존 30℃

이스턴 머드 터틀은 미국 남동쪽에 사는 거북으로, 진흙에서 주로 발견되기 때문에 이름에 진흙이라는 뜻의 '머드'가 들어가요. 아무리 커도 10cm 정도로 작아요. 가격이 그리 비싸지 않고, 성체가 되어도 귀여운 외모를 유지하는 덕분에 인기가 많아요.

배는 붉은빛과 주황빛을 띠고, 등딱지는 연갈색을 띠어요. 다른 머드 터틀과 서로 도와서 살아가요. 짝짓기를 하고 2~3개월 뒤에 육지로 올라와 습한 땅에 구멍을 파고 그 안에 알을 낳아요. 집에서 키우면서 번식에 성공한 친구들도 많으니 여러분도 도전해 보세요!

주의! 작은 고추가 맵다!

이스턴 머드 터틀의 해츨링을 처음 봤을 때가 떠올라요. 작은 몸으로 이리 갔다 저리 갔다 하는 활발한 모습에 빠져 버렸지요. 하지만 조심하세요! 사육장 물을 갈거나 핸들링을 시도할 때 손가락을 앙! 물어 버릴 수 있으니까요. 귀여운 모습에 속아 성격도 온순할 거라 생각하면 아니 아니 됩니다~!

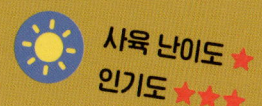

사육 난이도 ★
인기도 ★★★

거북이 좀 키워 봤다면 나도 키워 봤을걸?
웨스턴 페인티드 터틀

노란 줄무늬가 내 매력이야.

학명 Chrysemys picta bellii
영어명 Western Painted Turtle
다른 이름 서부 비단 거북
수명 약 10~15년
길이 약 20cm
수온 20~24℃, 핫존 28℃

페인티드 터틀은 미국에서 가장 인기가 많은 거북이에요. 우리나라에서도 거북이 가게에서 흔히 볼 수 있는 청거북이과 거북입니다. 등딱지에 특별한 무늬는 없지만 목 무늬가 예뻐 많이 키웁니다. 다 커도 20cm 정도로 키우기 부담스럽지 않은 크기예요.

번식력이 좋고, 사육장의 돌과 흙 빼고는 다 먹는다고 할 정도로 식성도 좋아요. 자연에서는 가끔 육지로 올라와 죽은 곤충이나 동물을 먹기도 한대요! 성장 속도가 빠르기 때문에 헤츨링 때부터 가로 40cm 사육장에서 키우는 게 좋아요.

외래종 거북을 찾아 저수지로 왔어요. 어떤 거북을 찾았는지 함께 만나 볼까요?

정브르, 저수지에 가다!

배딱지의 주황색이 선명해요.

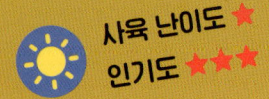

사육 난이도 ★
인기도 ★★★

등딱지가 뽈록! 입이 삐죽!
레이저백 머스크 터틀

학명 Sternotherus carinatus
영어명 Razor-backed Musk Turtle
다른 이름 레이저백 사향 거북
수명 약 30~50년
길이 약 10~16cm
수온 24~26℃, 핫존 30℃

레이저백 머스크 터틀은 등딱지가 뽈록 솟아 있어요. 뽀얀 얼굴에 검은 점, 삐죽 튀어나온 입이 매력이랍니다. 레이저백 머스크 터틀은 대부분 성격이 온순하고, 수줍음을 많이 타요. 그래서 핸들링을 할 때 목을 등딱지로 쑤욱 집어 넣고 안 나오곤 해요.

레이저백 머스크 터틀은 다른 반수생거북과 다르게 수생거북에 가까울 정도로 깊게 잠수하는 걸 좋아해요. 물에 오래 머물러 있으니 높이가 30~40cm 되는 사육장이 필요해요. 수초를 가지고 노는 걸 좋아하기 때문에 수초 하나씩은 넣어 주는 게 좋아요. 한 사육장에 다른 거북은 물론 구피 같은 열대어도 많이 키운답니다.

다리와 목을 쏙 집어 넣은 레이저백 머스크 터틀

등딱지가 볼록 솟아 있어요!

귀뚜라미 오래 키우는 방법

1. 채집통이나 페트병, 세로로 긴 플라스틱 통을 준비합니다.

2. 귀뚜라미는 서로 잡아먹기 때문에 사육장 안의 활동 반경이 넓어야 합니다. 달걀판을 차곡차곡 쌓아 활동 반경을 넓혀 주세요.

3. 먹이는 채소나 밀기울을 줍니다. 채소는 조금씩 넣어 주세요.

4. 사육장은 환기를 자주 시키고, 온도는 10~18℃로 유지합니다. 사육장을 건조하게 유지하기 위해 물을 뿌리지 마세요!

맺는말

함께 사는 법을 배울 수 있어요

다양한 동물을 살펴보며 마음에 드는 친구도 찾았나요? 작은 동물이라도 생명을 키우는 일은 결코 쉽지 않습니다. 더욱이 파충류는 강아지나 고양이만큼 우리에게 친숙한 동물이 아니라서 키우는 방법이 많이 다릅니다. 온도와 습도를 세심하게 맞추고, 먹이와 영양제를 잘 챙겨야 하지요. 진심으로 동물을 아끼는 마음이 있어야 꾸준히 잘 돌봐 줄 수 있답니다.

신기하고 재미난 동물 이야기를 읽으며 자연을 향한 관심도 커졌기를 바랍니다. 자연에는 아직도 우리가 찾지 못한 신기한 동물이 가득하고, 멋진 일이 일어나는 곳이기 때문이죠. 자연을 가까이하는 친구들은 감성이 풍부하고, 건강한 사람으로 자랄 거예요. 지구에서 살아가는 많은 생물과 함께 사는 법을 배울 수 있으니까요.

지금 키우는 작은 도마뱀 한 마리가 내가 사는 곳의 지구 반대편 바위틈에 사는 동물이라고 떠올려 보세요. 정말 멋진 일이 아닌가요? 이 작은 친구를 내가 직접 돌보면서 잘 키워 내고 싶을 거예요. 책임감 있는 여러분이라면 잘 키울 수 있으리라 믿습니다. 여러분의 작은 친구를 돌보며 하루하루 즐겁게 보내길 바랄게요!

정브르

도움받은 책

《꿈꾸는 푸른 생명 거북과 뱀》, 심재한, 다른세상, 2001
《낮은 시선 느린 발걸음 거북》, 이태원·박성준, 씨밀레북스, 2012
《낯선 원시의 아름다움 도마뱀》, 문대승·정성곤, 씨밀레북스, 2011
《브리태니커 만화 백과 : 양서류와 파충류》, 봄봄스토리, 미래엔아이세움, 2015
《사막의 작은 표범 레오파드 게코》, 필립 드 보졸리 외 공저, 씨밀레북스, 2015
《우리 아이 호기심을 키워 주는 희귀한 파충류백과》, 박영란, 글송이, 2010
《작은 동물 기르기 263》, 코노 토모키, 그린홈, 2012
《진짜 진짜 재밌는 파충류 그림책》, 수잔 바라클로우, 라이카미, 2019
《파충류 소녀 디에나의 내 사랑 파충류》, 우현옥, 문공사, 2004
《파충류와 양서류》, 마크 오시·팀 할리데이, 두산동아, 2005

도움받은 사이트

네이버 지식백과   https://terms.naver.com
두산백과   http://www.doopedia.co.kr
국가 생물다양성 정보공유체계   http://www.kbr.go.kr
한국 외래생물 정보시스템   http://kias.nie.re.kr

찾아보기

동헤르만 육지거북 150, 165, 166
레드아이 아머드 스킨크 14, 15, 44, 45, 47, 48, 49, 51
레오파드 게코 13, 14, 15, 19, 27, 28, 29, 30, 33, 35, 51, 68
레오파드 육지거북 149, 151, 153, 160, 161
레이저백 머스크 터틀 175, 177, 180
리버 쿠터 터틀 175, 176, 177
마지나타 육지거북 149, 153, 164
모어닝 게코 17, 66, 67, 68
밀크스네이크 135, 136
별거북 150, 151, 167
베일드 카멜레온 106, 107
볼파이톤 125, 126, 127, 137, 138, 139, 140, 141, 142
블루텅 스킨크 18, 76
비어디 드래곤 26, 52, 53, 54, 55, 56, 57, 58
사바나 모니터 18, 69, 70, 71, 72, 74, 75
서헤르만 육지거북 150, 166
설가타 육지거북 149, 153, 168, 169
웨스턴 페인티드 터틀 175, 179
유로메스틱스 게리 81, 82, 83, 84, 85
이스턴 머드 터틀 177, 178
자이언트 데이 게코 17, 59, 60, 61, 63, 64, 65
체리헤드 육지거북 150, 153, 157, 158, 162, 163, 165
콘스네이크 124, 125, 128, 129, 130, 133, 141

크레스티드 게코 11, 16, 36, 38, 39, 41, 42, 43, 68
킹스네이크 118, 123, 125, 133, 134, 141
토케이 게코 16, 17, 86, 87, 88, 90, 91, 92, 135
파슨 카멜레온 111
팬서 카멜레온 96, 105, 109, 110
피그미 카멜레온 113, 114
호스필드 육지거북 149, 153, 156, 158

정브르가 알려주는 파충류 체험 백과
도마뱀, 카멜레온, 뱀, 거북이를 잘 키우고 싶은 어린이를 위한 생태도감

1판 1쇄 펴낸 날 2019년 8월 20일
1판 9쇄 펴낸 날 2025년 8월 25일

지은이 | 이정현(정브르)
사　진 | 박보근
그　림 | 구연산

펴낸이 | 박윤태
펴낸곳 | 보누스
등　록 | 2001년 8월 17일 제313-2002-179호
주　소 | 서울시 마포구 동교로12안길 31 보누스 4층
전　화 | 02-333-3114
팩　스 | 02-3143-3254
이메일 | viking@bonusbook.co.kr
블로그 | http://blog.naver.com/vikingbook
인스타그램 | @viking_kidbooks

ⓒ 이정현, 2019

- 이 책에 수록된 내용의 전부 또는 일부를 재사용하려면
  반드시 지은이와 보누스출판사 양측의 서면동의를 받아야 합니다.

ISBN 978-89-6494-403-5　73490

바이킹은 보누스출판사의 어린이책 브랜드입니다.

- 책값은 뒤표지에 있습니다.

교과서 잡는 바이킹 시리즈

STEAM 초등 과학 실험 캠프
조건호 지음 | 민재회 그림

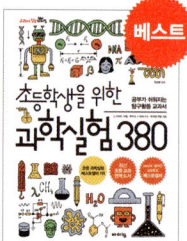
초등학생을 위한 과학실험 380
E. 리처드 처칠 외 지음
천성훈 감수

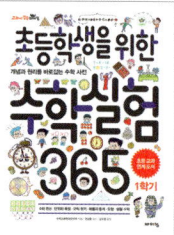
초등학생을 위한 수학실험 365 1학기
수학교육학회연구부 지음
천성훈 감수

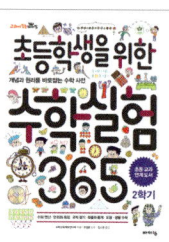
초등학생을 위한 수학실험 365 2학기
수학교육학회연구부 지음
천성훈 감수

초등학생을 위한 요리 과학실험 365
주부와 생활사 지음
천성훈 감수

초등학생을 위한 요리 과학실험실
정주현, 달달샘 김해진 감수

초등학생을 위한 개념 과학 150
정윤선 지음 | 정주현 감수

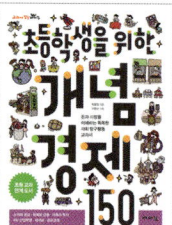
초등학생을 위한 개념 경제 150
박효연 지음 | 구연산 그림

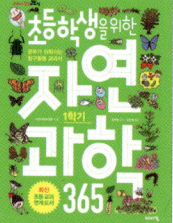
초등학생을 위한 자연과학 365 1학기
자연사학회연합 지음
정주현 감수

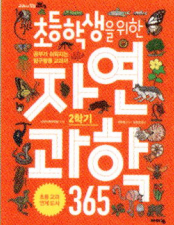
초등학생을 위한 자연과학 365 2학기
자연사학회연합 지음
정주현 감수

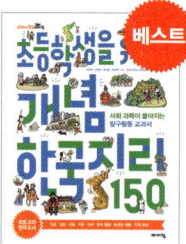
초등학생을 위한 개념 한국지리 150
고은애 외 지음
전국지리교사모임 감수

초등학생을 위한 개념 정치 150
박효연 지음 | 구연산 그림

초등학생을 위한 개념 국어: 고사성어
최지희 지음 | 김도연 그림

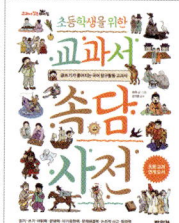
초등학생을 위한 교과서 속담 사전
은옥 글·그림 | 전기현 감수

초등학생을 위한 교과서 명작 읽기
최지희 글 | 윤상은 그림

초등학생을 위한 교과서 고전 읽기
최지희 글 | 윤상은 그림

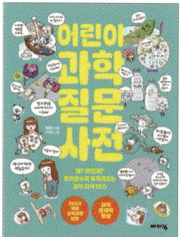
어린이 과학 질문 사전
정윤선 지음 | 구연산 그림

Mensa KiDS
멘사 어린이 시리즈

**멘사 미로 찾기 :
머리가 똑똑! 집중력이 쑥쑥!**
브리티시 멘사 지음
멘사코리아 감수

**멘사 수학 놀이 1 :
수학이랑 친해져요**
해럴드 게일 외 지음
멘사코리아 감수

**멘사 수학 놀이 2 :
수학 실력이 좋아져요**
해럴드 게일 외 지음
멘사코리아 감수

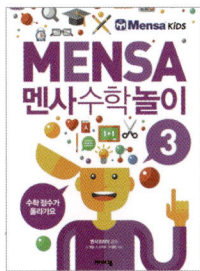
**멘사 수학 놀이 3 :
수학 점수가 올라가요**
해럴드 게일 외 지음
멘사코리아 감수

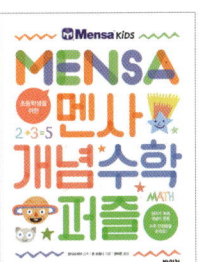
**초등학생을 위한
멘사 개념 수학 퍼즐**
존 브렘너 지음
멘사코리아 감수

**초등학생을 위한
멘사 수학 퍼즐**
해럴드 게일 외 지음
멘사코리아 감수

**초등학생을 위한
멘사 영어 단어 퍼즐**
로버트 앨런 지음
멘사코리아 감수

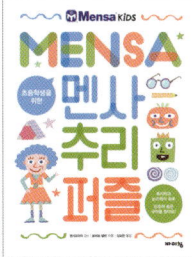
**초등학생을 위한
멘사 추리 퍼즐**
로버트 앨런 지음
멘사코리아 감수

어린이 인도 베다수학 시리즈

계산이 빨라지는 인도 베다수학
마키노 다케후미 지음 | 고선윤 옮김

도형이 쉬워지는 인도 베다수학
마키노 다케후미 지음 | 고선윤 옮김

암산이 빨라지는 인도 베다수학
인도수학연구회 지음 | 라니 산쿠 감수

DK 체스 바이블
클레어 서머스케일 지음
이은경 옮김

**정브르가 알려주는
곤충 체험 백과**
정브르 지음

**정브르가 알려주는
파충류 체험 백과**
정브르 지음

**정브르가 알려주는
양서류 체험 백과**
정브르 지음

**TV생물도감의
희귀한 생물 대백과**
TV생물도감 지음 | 구연산 그림

**뚝딱 접어요!
동물농장 종이접기**
조 풀먼 지음 | 앤 파쉬에 그림

**뚝딱 접어요!
사파리 종이접기**
조 풀먼 지음 | 앤 파쉬에 그림

**창의력 뿜뿜!
어린이 파티시에 요리책**
디에나 F. 쿡 지음
달달샘 김해진 감수

**창의력 뿜뿜!
어린이 셰프 요리책**
디에나 F. 쿡 지음
달달샘 김해진 감수

**최강 공룡
서바이벌 대백과**
고바야시 요시쓰구 지음
이진원 옮김

**웹툰 캐릭터
그리기 대작전**
이지 지음 | 정원 그림

**웹툰 스토리
만들기 대작전**
이지 지음 | 정원 그림

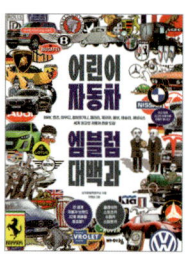

**어린이 자동차
엠블럼 대백과**
신기한생각연구소 지음
구연산 그림